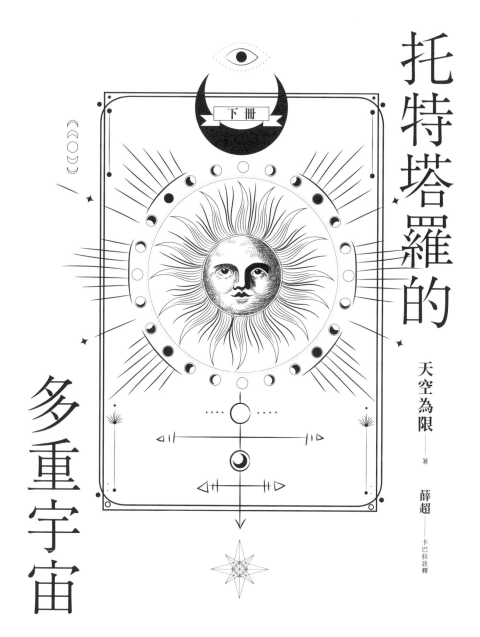

下 冊

托特塔羅的

多重宇宙

天空為限——著

薛超——卡巴拉詮釋

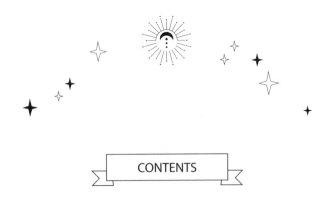

CONTENTS

Chapter 5　小祕儀：宮廷牌

小祕儀：宮廷牌

一開始，我是用水元素來解讀皇后牌，因為一直以來皇后牌都是水元素。但是教了一陣子之後，我覺得有點卡，才想到托特的宮廷牌有兩個陰性元素人物：皇后跟公主。仔細檢視，皇后都是採坐姿，這表示如果皇后是水元素，她的重點是水的沉穩冷靜，但現在一般人因為星座的關係，提到水元素就聯想到感情跟柔弱，比較難聯想到水的冷靜，於是我把皇后換成土元素，我的用意是「好用」。古時候土跟水的定義跟現

代不太一樣，也許在那個時代，水的定義比較沉靜，
但現在水元素比較難往這個方向聯想。我問過前輩，
如果把皇后換成土元素，在邏輯上跟牌圖也沒有什麼
衝突的地方，依我自己看還更符合牌圖。因此，依照
我們現在大眾所知的元素學，我還是決定把皇后換成
土元素了，我的課程也從幾年前就這樣教了。

四騎士

魔杖騎士
Knight of Wands

元素：火中之火

星座：牡羊座

———————— 圖面元素 ————————

　　魔杖騎士的馬是黑色的，深沉且能量充足，也隱隱暗示著個性上比較自私。一般來說，能量最強的顏色是紅色，但蘊含最多能量的是凝固起來的咖啡色，更深一層實為黑色了。牌圖上有火中之火，代表這股能量不會像紅色那般，燃燒殆盡後什麼也沒有留下。馬以後腳站立，向上拔地而起，就像火焰一樣，越往上越尖銳，這代表一股衝刺力量。騎士縱馬向前衝奔馳時，他的帽子理當隨風往後揚起，但從牌圖看起來，風似

乎由背後吹來，這代表魔杖騎士行動時，身後有許多能量在推動協助，不少人願意跟隨在後，顯示其強勢且魄力十足。他拿著一支燃燒的權杖，手臂也化成火燄，馬尾也帶著火燄並往前伸，一切都是向前不向後，所以他的衝勁不輸給皇帝，皇帝還要帶領人，魔杖騎士一個人就代表全部。

　　他的披肩本身就是火燄，並且眼神凝視前方，代表意志力強烈，又有風是助力，讓他燃燒得更強大。整個人就像是能量的具象化，如果皇帝是一支寶劍，魔杖騎士就是寶劍的刃尖。

　　原因就是魔杖騎士的目標比皇帝更鮮明，而且魔杖騎士畢竟是小阿爾克那，所以對權勢的渴望也更強烈，人在年輕一切都缺乏時，會覺得自己更要掙到一切，因為擁有的還不太多，所以也沒什麼可以失去的。

　　皇帝已經有了一些基礎，所以皇帝的爆發力創造在這些基底上，所以會找到很多看起來跟皇帝相像的創造物，但魔杖騎士雖然是宮廷牌之首，他是集結了所有微小細節，但還沒成為一個整體，所以魔杖騎士的爆發都是最原始的，最跟別人不重複，也就是：魔杖騎士比皇帝更原始，也比皇帝更為自我。

　　魔杖皇帝不只行動迅速，他的想法也很迅速，因為帽子上同樣有馬，但要迅速成這樣，也跟火元素有關，火元素是不思考的，他們依賴的是直覺，只有直覺不用經過思考，才能一下

子就知道答案是什麼，也很像指導靈的指示，是讓意念自動浮現腦海，不用查什麼資料也不用參考其他事物。

<h2>————— 占星對應 —————</h2>

看到這張牌的配色可能會想到皇帝牌，皇帝是數字 4，相比之下較為沉穩，身邊還帶了幾個貼心的侍者，與人交流的能力優於魔杖騎士。但魔杖騎士的創造力優於皇帝，且因為是火中之火，壓迫感也大於皇帝牌，所以反而會比皇帝更加看不見其他人的存在。

魔杖騎士也有自作主張的意思，如果搭配牌是土元素或風元素好牌，表示有魄力且邏輯清楚，不需要旁人叮嚀，自己就知道要做什麼；若搭配牌是水元素牌或風元素壞牌，則會變成自作聰明的莽夫。因此解讀時要看搭配的牌組來決定。

他是火中之火，火象基本宮，也對應牡羊座，皇帝也是牡羊座，但序號削弱皇帝的莽撞度，讓皇帝的組織性更強一點，所以也拖慢了皇帝的腳步，因為皇帝還需要些許規劃的時間，但魔杖騎士不用，他不顧一切，先衝再說，其它的都給別人善後，反正一定有人會收拾。

皇帝一切都是下三輪三色：紅、橘、黃，但魔杖騎士多了黑色跟咖啡色，所以他的決心更集中，往前的力道也更猛烈。

如果抽到魔杖騎士，那行動力是無庸置疑的，騎士的人格都是火，是元素中最強烈的。如果是寶劍騎士，那在想法跟創造力上最為頂尖；如果是聖杯騎士，因為火跟水都是情感元素，那麼聖杯騎士的情感最純粹；如果是圓盤騎士，土跟火都是目標性，所以圓盤騎士最為執著。圓盤騎士跟教皇有點像，但教皇的序號是 5，比較能夠跟人感同身受，體諒別人的處境，但圓盤騎士會只看到自己想要的。

─────── **牌意解析** ───────

★ 總體分析 ★

魔杖騎士的牌圖有三種元素：黃色（王者）、紅色（偏執）及黑色（不容置疑），三者加起來意味霸主登場，就像歷史上的項羽，或是蘋果創辦人賈伯斯，專制卻眼光精準，讓人不得不佩服。魔杖騎士為了達到目的，有時候會不擇手段，也會因為他人拒絕自己而憤恨地不顧一切往前衝。這種特性相當類似偉特牌的權杖騎士，但偉特權杖騎士位階較低，相對來說，外顯的魔杖騎士則會更毛躁、更橫衝直撞。

所以他很無敵，打敗他的方式就是不能一對一，釘孤支你一定輸他，他管理不好團隊，不是因為他沒有威信，而是他太重視自身的表現跟目標，往往忘了別人的存在，所以默契也不

算好，如果是目標導向，需要群體都要一心一意，但可能其他人沒辦法像他一樣強烈，就會變成他的漏洞。

★ 事業分析 ★

在工作方面，魔杖騎士有資歷、有閱歷，識人斷物通常很精準，目的性強且能量充沛。如果魔杖騎士身處上位，握有統籌權力，可以雷厲風行將事情做好，但評價也是毀譽參半，一方面他可以交出亮麗的成績，另一方面又相當獨裁強硬。但如果只是一位菜鳥或必須跟隨指示、與他人協調的工作，就可能常常因搞不清楚權責範圍，頻頻踩到人家的底線，或是只顧自己，缺乏團隊精神而惹出麻煩。

如果可以，他適合當一人工作室，把該考的證照全都考好，請幾個助理，等於他的分身就可以了，不要找跟他位置平等的人，並非他不能平等對人，只是工作的時候他會忘記跟人好好溝通，所以乾脆不要跟他平等，讓他使喚就好了。

★ 愛情分析 ★

魔杖騎士在感情方面，其激烈的示愛往往讓人無法招架，時而帶有偏執、大男人主義的霸道，這跟皇帝牌略有不同，畢竟皇帝牌還懂得一些浪漫手段。魔杖騎士會覺得自己沒空討

對方的歡心，但又不喜歡失敗，秉持著「你怎麼可能不喜歡我？」的心態。追求對方時可能會死纏爛打，將所有力氣都花在一個人的身上，但是兩人關係一旦穩定之後，很有可能就轉移注意力，前後差距甚大。魔杖騎士會安排好一切，對於喜歡依靠他人的人而言是負責，但對獨立的人來說，則是過於強烈的控制狂。

★ 財運分析 ★

魔杖騎士一定會花錢沒有節制，因為他沒有計算成本的概念，他只有「要做到底、做到完美」的概念，這樣一來，成本當然沒有上限，而他又不喜歡顯得很小氣，面子也要，裡子也要，當然花錢如流水了。

但品質再好，也不見得能賣到高價，如果市場評估錯誤，那當然會賠錢了，皇帝可以做精品，但魔杖騎士經驗不算老到，人脈也沒那麼廣，口碑也還沒打出來，當然就要看運氣了，最好的方式是可以得個獎項什麼的，如果一時沒辦法，就只能撐過一段時間再說囉！

皇帝也大方，但至少有成本概念，皇帝也不喜歡小裡小氣，但知道要訂上限，例如皇帝會評估如果是中等級的價位，那最好的原料程度只能用到哪裡。而魔杖騎士是如果做出來的

成品不是每個人都熱愛，他就會覺得白花心血了，他不會了解
競爭對手的品牌跟口碑也都是錢砸出來的，如果他是富二代，
那就可以一戰成名，因為有靠山，如果不是，只能靠時間來培
養耐性了。

四騎士

寶劍騎士
Knight of Swords

元素：風中之火

星座：天秤座

———————— **圖面元素** ————————

　　黃色代表渴望名聲與注目，但並不執著從中得到金錢回報；馬是騎士前進的動力，因此牌圖上黃色的馬象徵想要證明自己的能力，如果可以得到大家的肯定，把自己的財富分享給眾人也無所謂。騎士的身體是淺綠色，加上代表著世俗聰明的黃色，象徵追求、探索知識，同時也願意將這種想法傳達給別人；綠色有跟別人交流、黃色有帶領別人的意涵，因此這張牌還有大眾化的含義；淺藍色的背景除了代表知識、理性與冷

靜，也有「我想要到處去探索」的意思。

　　他的馬頭上裝了螺旋槳，代表速度比較接近風的極限，副元素又是火元素，這兩個元素性子都很急，所以他常常在表達自己的意見時，急於說服別人，但基本上每個人的意見都有他可取的地方，如果你想用自己的想法說服所有人，就算態度很和善有禮，那還是一種主觀。看畫面上的燕子飛過水面就知道，他在跟自己的想法競速，因為有太多資訊蜂湧而來，他必須快速整合自己的方向，才能知道要往哪裡前進，然而就算速度夠快，方向也對，有時還是準頭會不夠，要不斷修正。

　　他手上分別拿著一把劍跟一支匕首，代表他常常要同時解決很多問題，要破解各種思考上的卡關，又要把他的發現告訴身邊的人，所以他不斷地在思考跟交流，不斷地把消化後的知識吐出來，其實也很適合當老師，或寫書宣告他的發現，當實驗室的研究員更是不錯，他的發現都對世人有幫助。

　　但他的陽性元素太強，只能給眾人指出方向，讓別人慢慢做功課，他的功能在於發現很多需要探討的事物，然後指引大家去思考、去解決，所以他也像群眾運動份子，都是找出社會不被重視跟不足的地方，引起大家的重視，然後越來越多人投入，他可能進入相關單位，也可能身為改革者，去找出更多需要改進之處。

──────── **占星對應** ────────

　　騎士是主人，但風元素是最沒有權力概念的元素。所以，寶劍騎士的重點在於「我要去探索、去了解更多事情，再把這些知識傳達給其他人知道。」他們研究、奉獻所學，就像學院裡的教授，不會追求加官進爵或是高收入。騎士頭上的螺旋槳可以加快其速度，風元素的一個特質就是聰明，雖然只有一個目標，手上卻拿著兩把劍，表示做一件事情會使用兩種以上的方法，寶劍即解決問題的工具。

　　四位騎士騎乘的馬各有不同型態，若以元素對應速度感來看，風元素為首，火元素次之，水元素第三，而土元素根本不會動。寶劍騎士的馬宛如插上翅膀般，健步如飛，一旁還有鳥兒競速。馬的速度極快，以直線向前奔馳，從牌圖上看起來，還有往上躍昇的動態感；聖杯騎士的馬則有緩緩飄浮升起的感覺；而圓盤騎士的馬已經停下了。

　　魔杖與寶劍騎士兩張牌都是陽性元素，兩匹馬皆朝向左邊，陰性元素的圓盤及聖杯騎士的馬則朝向右邊。左邊代表理性、現實，陽性元素會比較注意實際上的作為；右邊則代表感情，陰性元素比較感性、重視自己的感覺。魔杖騎士為火元素，是陽中之陽，馬朝向左上方；寶劍騎士是風元素，為陽中之陰，馬是往左下方前進的姿態；聖杯騎士為水元素，陰中之

陽，馬朝右上方；圓盤騎士是陰中之陰的土元素，馬呈現回頭往下的樣子。

　　我會認為這張牌對應天秤座，但比較傾向風向跟基本宮，少了守護星金星的柔軟，我在看一張牌對應的星座時，除非元素屬性跟三態宮跟守護星性質特別接近，不然我都會捨掉守護星的特質，畢竟宮廷牌不等於該星座，如此可以跟星座特質做出區隔。

　　一般的天秤座並沒有寶劍騎士那麼急智，天秤座的聰明帶有一種尊重跟優雅，不管那個尊重是真的還是假的，但就是擺在那邊讓人看了覺得很舒服，但寶劍騎士展現了天秤座的另一面，急躁且自以為是，在宮廷牌更被強調出這一面。

────── 牌意解析 ──────

★ 總體分析 ★

　　風中之火的寶劍騎士，朋友很多，有許多應酬場合，往往得續攤趕場，他們聰明且特別，相當具有魅力，會幫忙解決問題，講話的時候也能贏得他人崇拜，好似一席話就幫忙打開了聽眾閉塞多時的眼界。但如果寶劍騎士與水元素的壞牌一起出現，就會變成愛說教，實質上並沒有自己認為的那麼聰明。

　　寶劍騎士速度相當快，有很多創意源源不絕地湧出，所以

他的思考是跳躍性的，旁人常常跟不上，這也是他給人冷漠感覺的原因，因為知識太淵博的人，在人情方面總會有點疏離，因為他太愛講道理了，但道理聽起來就是冷冰冰的，雖然他熟悉人性的套路，卻無法理解其中的感情構成。也許對他來說，理解是一件很容易的事，但他覺得有點浪費時間，他覺得「我知道你在想什麼，要做什麼，對我來說就很夠了，不用去探討你的內心世界」，這也是人家會覺得他聰明到沒人性的原因。

★ 愛情分析 ★

戀愛方面，不容易遇到對象，風元素本就忙碌，且不容易安定下來，感情自然也比較難成形。兩個人在一起時，感覺更像普通朋友，沒有浪漫的行為，有點類似天秤座的相處模式。但如果所求的感情是身邊有一個可靠且聰明的人，寶劍騎士就很適合。

最好是可以先用朋友的態度相處，寶劍騎士不喜歡笨蛋，他需要各方面都跟得上他腳步的人，但要一開始就能配合太困難了，就算一樣聰明，總有些對各方面意見不同的地方需要整合。他在愛情方面，雖然不是故意的，但容易一副高高在上的樣子，但配得上他的對象，是不吃這一套的。所以我覺得一開始先不要以愛情為出發點，等兩個人處得來了，再往感情邁

進，會比較少糾纏不休的時間。

★ 事業分析 ★

整體來說，寶劍騎士的速度非常快，但帶有火的特質，不會像一般風元素那樣渙散，性格上既聰明又清楚知道自己要的是什麼，也善於協調，願意與他人共享資源。這類型的人在工作上擁有紮實的知識及學歷基礎，腦筋動得快，面對棘手的狀況時，會用不同角度切入，順利解決問題。他們也有良好的適應力，容易贏得大家的注意。不過也因為寶劍騎士的腳步太快，旁人無法輕易跟上，他們也無暇與同僚培養感情，如果是領導者的話，下屬的忠誠度不會太高。

★ 財運分析 ★

寶劍騎士才華洋溢，但本身可能不是太富裕，他們會得到大眾肯定，也能發揮自己名聲所長，就像是學院教授得到獎項肯定，具有崇高的地位，而這些都無法用金錢衡量。

他們個人要花費的不多，但他們通常需要的是重建社會，或建立某種理念的基金，所以很需要企業或政府贊助，所以他們要的不是小錢，缺的是大錢，動不動就有很多案子在招商，他們的觀念是：要錢就要大錢，小錢能做什麼事？

　　但他們就可以真的找到很多錢，然後都不是用在他自己身上，是用來「治療社會的風氣」，所以這種人也常常進入司法機構，或參選民意代表，這是他們可以發揮自我特質最好的位置。

四騎士

聖杯騎士
Knight of Cups

元素：水中之火
星座：巨蟹座

──────── **圖面元素** ────────

　　牌圖右上角紅色的杯子與螃蟹表示目標明確；右下角的孔雀低調奢華，猶如水中之火，會為了親近或值得的人而奉獻良多。馬是白色的，表示驅使前進的動力是「愛」；騎士的盔甲是深綠色，代表缺乏安全感，這也是所屬巨蟹座中最大的課題──安全感；藍色代表理性，淺藍色的翅膀及水元素具有沉靜、包容的意思，願意照顧別人但不會太張揚，只會為了認定之人以及有關係之人付出。另外，紅色的杯子還象徵熱情，騎

士右手高舉杯子，此舉有奉獻的含義。

　　聖杯騎士的座騎是飄浮的，代表他前進的方向雖然穩定，但是是順著局勢前進，隨緣的，沒有急躁的意思，「該怎麼走就怎麼走」是聖杯騎士的做法，不會強求硬要。因為是水中之火，這張牌充滿著溫暖跟情感，他在追求一個可以奉獻心力的對象，有可能是人，也有可能是事，如果讓他決定付出，那個對象必定能夠有滿滿的幸福感，因為聖杯騎士除了熱情，也很暖心，他的愛滿盈，卻沒有強迫的性質，會視對方的接受程度，給予適當的付出。他很會衡量別人的承受度，但自己有太多感情想給予，因而讓自己脹滿了，過多的愛會把自己淹沒，所以他是為愛獻身最好的代表。

　　雖然這張牌充滿熱情，但是主元素是水元素，火元素是副元素，所以滿腔的愛意只會放在心裡，不會拿出來給人壓力，但如果你能夠信任他，他的愛會持續燃燒好一段時間，就算最後有變化，也不是斷然離開那種，會有一定的情份保留（但從某個角度來說，也是拖泥帶水，剪不斷理還亂）。

　　雖然他在感情方面給予的方式充滿猶疑，讓人搞不清楚他想做什麼，但他如果有夢想，就算充滿困難，他也會全力去達成……不，就是要充滿困難！不然他的主元素是水元素，一定會覺得其中必有詐，他喜歡慢慢地梳理，慢慢地拆解一件事，

除了解決困難外，還享受其中的過程，真是時間太多的一張牌啊（誤）！

──────── 占星對應 ────────

聖杯騎士是巨蟹座的水象基本宮，水元素會照顧人，水中之火更是會表示主動的性格，但是這個主動有點迂迴，讓人會搞不清他的用意。不過他覺得自己表現得很火熱，心中還覺得對方可能反應冷淡，但對方只會覺得莫名其妙而已，除非遇上很自戀的對象，就可以毫無懷疑跟保留地接受他的所有示好，並且如果對方很主動，就可以打破兩方的疆界，拉近兩個人的距離。

所以對他來說，不是好朋友就是陌生人，很兩極，但因為是火中之水，是感情元素，就算你不是他的朋友，他對你的態度還是很有禮貌，只是不會那麼主動關心，但現在的社會，如果你太主動，人家說不定覺得你另有目的，還是維持君子之交就好。

如果他把你當自己人，就會過度地掏心掏肺，如果你的感覺沒那麼強烈，那就會好像辜負他一樣，因為他表現得真的是傾盡所有來對你好。他對你的依賴感也很強烈，你對他的一點點情緒波動，就可以讓他想很久，想盡辦法要讓你開心，對我

們這種火象或風象重的人，會是一種負擔。水象就喜歡相愛相
殺，土象是不為所動，你愛怎樣就怎樣，他就做他自己的事，
算是最不會被影響的一個元素。

　　你如果也是很缺乏安全感的人，聖杯騎士會給你多到滿出
來的感情，就算某天分開，聖杯騎士也不會惡言相向。如果你
是愛自由的人，聖杯騎士會以你的保護者自居，但讓你覺得限
制很多。

─────── **牌意解析** ───────

★ 總體分析 ★

　　整體來說，這張聖杯騎士對誰都很好，但如果他把你當自
己人，那更是全心全意付出，跟巨蟹一樣。他會為了兩人之間
的情份而盲目，平常的他算精明，但如果遇上在乎的人，那判
斷力都會喪失……其實也不算喪失，他多多少少還是會感覺到
不對勁，但他會強迫自己忽視這種直覺，因為他通常不願意接
受事實。如果你背叛他的話，他的反擊若是明著來，那就沒什
麼好怕的，但是就怕他來暗的，他在沒有別人的眼光下，出招
特別能打中你的要害，尤其他跟你那麼熟，知道你的致命傷在
哪裡。

　　如果你們的交情能夠長久維持下去，他絕對是最可靠的

人，而且非常了解你，願意做牛做馬，不會有任何怨言，但小心他覺得你對他不夠好（當然有可能是他自己的幻想），你覺得沒什麼事發生，他突然背後陰你，也是有可能的，他有仇必報，只是你不知道哪裡得罪他。

★ 愛情分析 ★

感情方面，聖杯騎士是好或不好乃見仁見智。如果自己本就極度缺乏安全感，那麼與聖杯騎士相處就會相當合拍；若本身獨立自主，就會認為聖杯騎士的限制太多，有種被束縛的感覺。聖杯騎士可以表現得深情款款，但也有可能以愛之名進行感情勒索，或是為了控制對方，裝出可憐兮兮的模樣博取對方心軟及同情。

看他的個性，往好處發展是深情款款，隨傳隨到，但往壞處發展，就是控制慾很強，會用自己的價值觀來箝制你，其實依我個人的經驗，他們很容易嚇到，兇他幾次就不敢了（但我日雙子月亮牡羊，說不定他們來暗的，我沒發現），其實你只要不會覺得困擾，他們是會把你保護得好好的。

★ 事業分析 ★

工作上，聖杯騎士相當護短又看重交情，如果雙方有一

點情分，聖杯騎士會主動照顧對方。更進一步來說，如果曾經接受對方的恩情，只要一有機會，聖杯騎士肯定會好好報答。上司是聖杯騎士的話，會好好照顧下屬，但缺點是有時會是非不明。

如果是跟照護或藝術有關，那他們的天份特別強，因為他們能本能地發現別人需要什麼，並且有能力辦到，如果是藝術治療那就更適合了。我覺得他們可以透過治療別人，也同時治標自己缺乏安全感這件事。他們的同理心也很夠，不會有不知人間疾苦的現象。

他們很有「共存共榮」的概念，所以可以做直銷或連鎖店，他會傾盡所有，來輔導身邊的人成功，而且自己也與有榮焉，因為如果跟他一起創業，那就是他的自己人了，不只在工作，他在其它地方也會把你照顧得好好的。

★ 財運分析 ★

聖杯騎士有潛在的控制欲，像水一樣柔柔的，打著「我是為你好」的旗號，或是表現出「讓我照顧你才對」的想法。雖然水元素賺錢的能力並不出色，但是會量入為出，即使不是大富大貴，但確實也能夠使自己不愁吃穿。

他雖然有賺錢能力，但花錢也是很感性的，還好他滿願意

捐款做善事，所以給自己積了不少福報，他花錢不會毫無節制，只是常常有非花不可的理由，但他對自己不算太好，錢都是花在別人身上，所以當他身邊的人，運氣還不錯。

他很有耐性，所以如果要叫他省錢，不如讓他投資績優股，讓他長期獲利，因為如果不賺錢他就不甘心賣，他其實對錢是很計較的個性，只是不會對自己人計較。

四騎士

圓盤騎士
Knight of Disks

元素：土中之火

星座：摩羯座

────── **圖面元素** ──────

　　馬象徵前進的驅動力，但此時騎士停下來吃稻穗，表示目前不需要急著前進，可以稍做休息享用豐收的成果。圓盤騎士的腿很短，代表其重心穩固，雖然停下腳步，但並未褪去身上的盔甲和盾牌，表示此刻的停留只是暫時的。黑色、靜止的馬則代表慢慢累積的豐沛能量；背景的黃色既像朝陽又像夕陽，這是一個階段性的停止，同時另一階段正處於開始之際。騎士望著遠方，表示有遠大的目標，也許未來還要上戰場。

相較於另外三張騎士牌，圓盤騎士的牌面黑色比例較多，整體皆以黑色及咖啡色為主，代表個性保守、重視傳統，願意長時間醞釀以掌控一件事情。若比較四張騎士牌的「專制」程度，魔杖騎士的心態是只要此時此刻聽我的就可以了；圓盤騎士會想控管你整個生活；聖杯騎士則是在你沒有察覺下，溫潤地把自己的主張滲透到你的生活裡；寶劍騎士會採取「放牛吃草」策略，只要你懂得欣賞他就足夠了。

　　圓盤騎士雖然把自己保護得很好，可以讓自己立於不敗之地，但他的盔甲太過沉重，會拖慢他的速度，所以他是一步一步耕耘，沒有想像力的那種人，沒辦法前進得太快（加上腿太短，走得也不會太快，這是我內心的 OS），所以他很容易在短時間內被人超越，他只能比最後的結局，如果時間不夠久，就無法證明自己，但他是笑到最後的那種終極贏家，只是中途可能有點狼狽。

　　這張牌的缺點是受限於物質，對於眼不可見的東西，他沒有什麼想像力，所以發展也會受限於現有的一切，因為還沒發生的事，他覺得都不可以信任，所以沒辦法創造一些新的東西。因此他只能遵循傳統，在有限的地方達成他可以想像的成就，雖然還是有前途，但夢想比較遠大的人，圓盤騎士的成就仍然有限。

雖然速度有點慢，但他的野心仍舊很大，只是要很久的時間，才能慢慢有成就，所以比較缺少行動力，圓盤騎士比較是謀略型的人物，他不是跟你比快狠準的那種人，他講究的是佈局，沒有人比他考慮得更長遠，也更有堅強的意志力可以撐到最後，如果他沒達到目的，甚至可以傳承給子孫或徒弟，一代一代接棒下去。

─────── **占星對應** ───────

土中之火，土元素是相當安逸的，但加上火元素時就變得像摩羯座，野心大，並且永不止息。背景有一環一環的同心圓，呼應土元素及圓盤的特質。

摩羯座是土象基本宮，雖然沉穩，但思考非常長遠，屬於老謀深算那一型，如果是下棋，他是那種走了一步，就會思考到下面一百步的人，很難有人看得比他長遠，但機關算盡也是有缺點的，因為他把每一步想得太當然，如果遇到意料之外的事，他的反應力也不快，甚至會被自己的想法絆住，因為畢竟是土元素中最強韌的一員。金牛座是土象固定宮，照理說土性比較強，但土元素是陰性元素，如果又是固定宮，就會比較安逸懶得思考，不會像摩羯一樣再接再厲，永遠想創造更好的未來。兩個星座的差異也就在這裡，金牛座自己管好就好，不會

去干涉別人，但摩羯座比較是控制狂，想要每個人都照他的想法來，覺得這樣才是正確的，基本宮本來就侵略性比較強。

　　所以如果金牛跟摩羯座有相同的目標，金牛座會把事情做好就好，摩羯座會總是要超越自己原有的狀況，才會滿意。但金牛座比較有餘裕享受人生，對自己好一點，摩羯座是工作狂，凡事以功能性跟 CP 值為最高考量，所以有時候庸庸碌碌一生，到最後也是留給別人享受他努力出來的成果，所以摩羯座的守護星土星，也有貧困的涵義，因為土星腦袋很頑固，不會善用資源，只會傻傻的一步一腳印，所以在年輕時，通常不擅長獲取資源，要慢慢年齡增長，才會開始累積，是很節省的人。就像王永慶說的：賺一塊錢不是賺，省一塊錢才是賺。所以也許有錢也許沒錢，但圓盤騎士不會把重點放在自身享受上，錢對他來說，都是用來做大事的資本，所以很低調，做事用錢都不浮誇，很務實。

────────── 牌意解析 ──────────

★ 總體分析 ★

　　不管出現在什麼位置，這張圓盤騎士都需要時間，唯有出現在「過去」，才表示你現在就有資源，但這個資源也不能大量運用，不然會很快就枯竭，要用在刀口上，這張圓盤騎士是

很節約的。

如果出現在「問題」，那這張牌的缺點很明顯，思想太陳腐，做事手法太刻板，凡事只能遵守舊有的方式，沒有辦法開展新的世界，但如果是「優勢」，那就是雖然資源不多，但凡事不會輕易放棄，會堅守到最後一刻，在艱難的環境下也能生存，善於運用最少的資源做最多的事。

雖然思想比較古老，戰力卻是滿滿，只是做出的事情都比較過時而已，但優勢一定是有的，畢竟「金錢」這種東西，不管在哪個時代，都不會過氣。如果在做人方面，也是很講誠信的那種人，如果對你不講誠信，那就是他本來就沒承諾你，不是朋友的人，本來就不用把誠信花在你身上。

★ 愛情分析 ★

感情方面，圓盤騎士非常適合安定的生活或婚姻，但若要有浪漫或暖心的舉動，有可能會令戀人失望。圓盤騎士願意把財富分享給另一半，擅長實質上的付出，但比較少會有溫情的交流。

不管是男是女，對方都會覺得他太冷漠，尤其是需要激情的年輕男女，會覺得圓盤騎士未免也太冷感了吧！但只有經歷時間的淬鍊，才會發現他有他可靠的地方，是過日子的對象，

不是談戀愛的對象。

★ 事業分析 ★

圓盤騎士在工作上閱歷多，很清楚如何與人應對，但他們並不是屬於腦筋靈活的人，大多是倚仗經驗處事。不過圓盤騎士會事先沙盤推演，喜歡未雨綢繆，性格沉穩隱忍，也許會暗中埋下伏筆，制訂三年計畫來對付目標。通常圓盤騎士這麼做並非對人有所惡意，只是企圖要把事情做好而已。

魔杖騎士如工作狂一般，大多是追求個人成就感，達到目的後就會去慶祝狂歡；圓盤騎士則是工作狂中的工作狂，事成之後也不會去慶祝，因為他們覺得這是應該做的事情。換句話說，圓盤騎士較為欠缺樂趣性。

★ 財運分析 ★

早年財運不佳，賺一分錢要花十分力氣，到中老年才會苦盡甘來，但花錢的方式仍然傾向不會太大方，因為圓盤騎士很有危機意識，他害怕什麼時候又會陷入危機。

但對於他看中的人才或事業，他還是非常願意傳授經驗，因為圓盤騎士的經驗太多了，可以避開很多不必要的風險，把力氣專注在該用的地方。他很適合開經營管理班，傳授當主管

的技巧，還有如何幫公司找錢避險，因為圓盤騎士很有求生欲和趨吉避兇的本能，會把自己的成本縮到最小，發揮出最大的效益。

如果是我，我不想當這種人，我想當他的小孩，因為圓盤騎士對自己很節儉，就算對孩子也不大方，但他百年之後，錢終於要流到後代手上，他會是個富爸爸。

四皇后

魔杖皇后
Queen of Wands

元素：火中之土

星座：獅子座

──────── **圖面元素** ────────

　　偉特牌的權杖皇后旁邊有一隻黑貓，托特牌的魔杖皇后旁邊是一隻豹，一樣是貓科動物，這兩種動物都象徵守護者。魔杖皇后的頭部看起來較小，這是視角由低向高處仰望所致。魔杖皇后的牌圖視覺以往上、組成尖銳角度的線條為主，暗示即使此刻王國穩定發展，但仍然渴望繼續成長攀升，魄力、威嚴更甚以往。頭上有帶翅膀的獅子，象徵非常有創造力，而且在創造當中又可以保有傳統的優勢。

　　魔杖皇后的眼睛是閉著的，代表所有計劃都在她的籌劃之中，所以她的計劃是很長久的，但因為是火元素為主，又有強烈的爆發力，火跟土都是意志力的元素，所以她強烈的意志力會帶領她在事業或感情上有長久的專注力，所以魔杖皇后除了開拓，還有長久守護的意涵。

　　雖然火元素的本質帶有權威性，但人格的土元素具有很好的承載力，可以承接所有事物，所以不管發生什麼事，她都可以承受，「不動」是她的一個特質，不管發生什麼事，都不能撼動她。

　　火跟土都是感官元素，所以這張牌也很注重感官的享樂，雖然注重，但魔杖皇后不會被感官牽著走，因為火跟土都是意志力強烈的元素，這兩者代表她雖然注重所得到的權威跟領土，但重點還是要貫徹自己的意志，如果偏離了她的原始設定，那她會寧可放棄所得到的東西，重新再去追求。

　　這張皇后雖然是女性，但宮廷牌我覺得不分男女，男性如果包容力強一點，容忍度很大，能夠負起所有人的責任，不會爭功諉過，那也是魔杖皇后的特質，因為火是陽性元素，土元素雖然是陰性元素，但是是陰中之陽，所以前文說過，她同時擁有強大的意志力與承載力。

　　如果是偉特的權杖皇后，就是火中之水，那就會有傻大姐

的氣質，而且雖然看起來有主導權，但因為太在意別人的感受，所以反而會被別人影響，有點像民主國家的領袖，看起來有主權，但還是要基於人民整體的意志。托特牌的魔杖皇后，會用自己的角度看民眾，推測他們需要什麼，會給人民們需要的，而不是想要的，換句話說，魔杖皇后的眼界比較大，比較能夠最出對大家好的決定，不容易被人牽制。

───────── **占星對應** ─────────

火元素本就有往上衝刺的意涵，火焰越往上越尖銳，魔杖皇后的魄力幾乎不輸給魔杖騎士，兩者都是強勢且具備主導權的牌。魔杖皇后的圖面沒有黑色，且白色部分變多，表示比起魔杖騎士，她的氣度寬宏、願意溝通，也不似魔杖騎士那樣執拗。火中之火的魔杖騎士性格偏執，很難改變他的想法，但是極有可能哄騙他上鉤；火中之土的魔杖皇后則是不管利用什麼方法都騙不倒她的。

因為魔杖皇后的人格是土元素，所以雖然是陰性，但帶有母性，必須承擔一切後果，這很像獅子座的火象固定宮，雖然有時決策慢一點，但因為責任都在她身上，包括屬下做的事犯的錯她也要承擔，所以每個決定都必須很謹慎，要考慮整體照這樣行事能不能順利，也就是這個 SOP 能不能每個人都用得

好，如果在不同的人手上會有不同的結果，就必須換個方式。

土元素的人個特質，比較沒辦法快狠準，所以需要很多屬下幫忙處理，所以她是帶領的人格，不是獨立做事的人格。因為她屬於火元素，所以具有所有權威，土象跟火象都是領主之元素，都代表意志，只是火元素是爆發力，土元素是持續力，風跟水元素都是「渙散元素」，在魔杖皇后身上都看不到，所以魔杖皇后的意志力不容小覷。

雖然魔杖皇后很有權威，但她的本質仍是大家的家長，如果任何人做錯事，後果也是她要一起承擔，就像獅子座，除了在前面帶領，也是我們的靠山，在我們後面撐著。她算是恩威並俱，所以也很讓人覺得安心，並不會太嚴厲。

─────── 牌意解析 ───────

★ 總體分析 ★

這張牌很有責任感，所以在事業跟感情上，都是一張不錯的牌，象徵未來都有完整的一切，如果是過去，就象徵一切都有很好的基礎。

如果是「建議」，就是建議把事情從頭檢視一次，加上其他人的意見，這樣才不會讓任何人有話講，或是建議你把很多事都承擔下來，不要管誰對誰錯，因為重要的是要把事情完

成，而不是談責任歸屬。

如果是「問題」所在，那就是一切都完整，反而失去改進的潛力，代表太遵循既有的做法了，反而失去個人空間。這張牌雖然有創造力，不過不夠突出，要做到所有已經存在的規則，才能加入自己的想法。我會建議先用自己的想法試試看，把規則最後加入，看看這樣能不能創造出獨特的風格。

★ 愛情分析 ★

感情方面，魔杖皇后很有獅子座的態度，體貼又會照顧人，自己能負起責任，同時替對方保留一些彈性空間，她的包容性很大，是一位可靠的伴侶。帶火元素表示也懂得製造浪漫，整體而言，魔杖皇后是理想的另一半。

如果是男性，帶有一些包容特質，就是很寬容的男性，如果是女性，就會是比較強勢的女性，但我覺得兩者都不錯，因為男性需要體諒別人，女性也需要有話語權，兩性可以融合，是最理想的狀況了。

魔杖皇后的愛情未來性是很穩定的，因為火中之土，代表雙方都很有責任感，可以一起創造更完整的將來。而且兩個人都很有擔當，表示一旦有問題，雙方可以共同解決。火跟土都是感官元素，在性事方面也很協調。

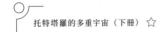
★ 事業分析 ★

在發展事業初期、力求壯大規模的企業家，一般應該是魔杖騎士，但是羽翼豐滿、坐鎮王朝的階段時就會偏向魔杖皇后了。後者比起魔杖騎士多了一份包容性，以及女性柔軟的特質，且土元素會以身作則，做到自己該做的事情，不會因為自己的地位而逞凶鬥狠。魔杖皇后也相當負責任，甚至承擔的東西會比魔杖騎士更多，加之有土元素，會像母親角色一般成為強大的支柱。

如果魔杖皇后是工作上的同事，土元素以及女性特質使他們待人原則分明，還留有一些寬容及彈性。若魔杖皇后當上司，會擔當起一切責任，不會把過錯推到下屬身上。

★ 財運分析 ★

魔杖皇后當然有錢了，權力是金錢的助力，既有錢又有權，不但有錢，還不容易失去，因為火是賺錢的能力，土是存錢的定力，又能賺又能存，不但自己有錢，還可以照顧到身邊的人。

但這張牌重點不光是有錢，也很有理財的能力，就算原先資本不多，也能滾出很多錢，如果本來就有錢，可以利用金錢創造出更大的可能性，因為是火跟土，這張牌有能力，也會很

願意作公益，因為他希望照顧到所有人，這張牌等於是大家的
家長，他也會提出很多基金跟獎學金，讓有能力的人申請。他
不但有錢，還能成為很多企業的金主跟股東。

四皇后

寶劍皇后
Queen of Swords

元素：風中之土
星座：水瓶座

───── **圖面元素** ─────

　　牌圖中白色所佔比例較多，表示不會夾雜太多情緒起伏，寶劍皇后腳踩白雲，身上具有黃、綠兩種顏色，能夠客觀地審視事物。但寶劍皇后所站的位置，只要再往前跨一步就會從雲端墜落，因此決策上她常常會瞻前顧後，務求做到最公平。面具代表武裝，寶劍皇后左手拿下面具，表示卸下防衛、面對真相；頭頂上方有一個男人的人頭，這個男人的頭非常男性化，代表她從中解脫的男性權威。不過當真正該放下防備去面對世

界之際，寶劍皇后還是有些猶豫的，她的右手向下，反手拿著寶劍，這個姿勢就暗示著她並非勇往直前。寶劍皇后會因為不夠大膽、瞻前顧後而失去展現實力的機會。

偉特牌的寶劍皇后常常被說是鐵娘子，但我不同意。偉特寶劍皇后是風中之水，雖然一臉冷硬，但心裡其實很情緒化，非常自我折磨，倒是托特的寶劍皇后真的是鐵娘子，她說一不二，說什麼就什麼，凡事沒有馬虎眼。用克勞利的論點來說，寶劍皇后是風中之水，如果照克勞利的邏輯分配，那寶劍皇后應該表面冷靜，心裡還是很情緒化，只是不敢明著來，只好靠文字跟言語意有所指。

她是非常有威嚴的皇后，比魔杖皇后更加不怒而威。寶劍皇后生氣，常常是為了她心中的標準被冒犯了，但依其他人的邏輯，是搞不清楚為什麼的，不過，因為寶劍皇后的的言語一針見血，沒有多餘的贅字，所以通常她解釋過後，你就可以知道她的點在哪裡，雖然不一定認同，但會承認她的邏輯。

她頭後方的線條是石英，我綜合各方說法，認為它是萬物遵循的法則，有點類似物理定律，老舊的男人特質被她砍頭，她頭上的孩子是全新的男人，用新生的角度來面對世界。

———— 占星對應 ————

　　屬性風中之土，都是理性元素。風跟土都是擅於算計的元素，但缺乏熱情及無畏的心態，有時機關算盡反而思慮過多，導致自己遲遲無法跨出實際行動的第一步。偉特牌的寶劍皇后比較情緒化，而托特牌的寶劍皇后是風加土，籌謀良久後打出安全牌。此牌對應的是水瓶座，腦袋裡常有很多想法，但是傾向於理論，很少實際執行。

　　她像水瓶座的原因是她有中性的氣質，比較沒有女人的柔弱跟無助，她很清楚自己要什麼做什麼，凡事有清晰的條理，但別人不一定能揣摩她的用意，只會覺得她的固執沒什麼道理，但寶劍皇后堅持什麼事絕對不會沒道理，只是我們還不到她的層次。

　　她其實也不算沒有女性特質，但她把女性特質的部分規則化，只要變成一個規則，那就男性化了，因為「規則」缺乏女性的柔軟跟寬容，但「規則」畢竟是客觀的、公平的，一視同仁的，也算是某種程度的推翻主觀跟主權。

　　寶劍皇后雖然性格強硬，但很有才華，例如數學家、物理學家，就是不管男女性的精英份子，他面對任何事都一絲不苟地執行自己的真理，所以我覺得也帶有天蠍的特質（可能跟水瓶座一樣都是固定宮），講話有點讓人難接受，但講的都是實

話，就算不講出來，你也可以從他的反應看出來。

會喜歡她的人（不管男女，這張牌男性女性都有人特質跟他一樣），一定是喜歡她有話直說的坦白，不認輸的傻氣，不喜歡為自己辯駁的傲氣，雖然在社會上這些特質不討喜，但因為她天份出眾，所以還是可以在社會上生存。

─────── **牌意解析** ───────

★ 總體分析 ★

寶劍皇后的批判能力、分析力都很優秀，但是缺乏執行與落實力，她們無法適應生存於現實社會。我認為林黛玉是典型的寶劍皇后，受到身世、病體的糾纏及時代背景之束縛而無法大放光芒，進而將這股鬱悶傾倒在願意包容她的賈寶玉身上。我們身邊應該也有這樣的例子，學生時代相當聰慧的女孩子，出社會之後沒有選擇做出一番驚人的成就，而是低調步入家庭生活，很可能就是不能適應社會生態，於是選擇相對穩定的婚姻生活。

她雖然不社會化，但還是很像大家的導師，凡是來問她，她一定會給你她觀察出來的答案，有些人不愛聽，但有些人就因為這樣而喜歡問她，因為這種答案沒有任何矯飾，是最可以相信的。

★ 愛情分析 ★

感情方面，寶劍皇后是「既期待又怕受傷害」的類型，感情運通常不算太好。這張牌沒有什麼桃花運，遇到追求者也會因為太過挑剔而拒絕。

其實寶劍皇后很聰明，卻也往往受限於過於謹慎的特質，若是能掙脫限制，這張牌其實是才華洋溢且聰明絕頂的。寶劍皇后基本上是一張好牌，但大多時候會害怕失敗而不敢做出大膽的決策，進而選擇安全平順的路。假如寶劍皇后的背後有火元素的人在推動，那會是極佳的組合。

大家對她的喜歡都比較限於「仰慕」，不敢把她當凡人來喜歡，如果心臟不強，還是離她遠點比較好，因為她就算對於戀人，也是直言不諱，就算討人厭，她還是要講真話，所以真的比較適合愚人性格的對象，才不會被傷害到。

★ 事業分析 ★

寶劍皇后適合在實驗室當研究員、作家、新聞評論者、文創或知識性質的工作，但是因為個性較保守，可能不會達到該領域的至高點。例如，擔任專欄作家但不會成為書店排行榜第一名的暢銷作家。

理論上，她還是暫居幕後的一張牌，因為她自己也知道她

講話太坦白，但又不想修正，覺得能接受就接受，不能接受就拉倒，所以其實不適合面對群眾，因為她不是討喜的那種人，她的心理素質很強，但面對批評，她解決的模式是不管你，所以會招來更多批評，所以還是在幕後暗暗的寫方案好了。

　　所以她通常是宰相軍師命，不太適合掌大權，因為她本來就適合想點子，就是紙上談兵那種人，也可以寫研究案跟企劃案，因為她適合規劃最完美時候的樣子，之後出錯的話，寶劍皇后的應變能力其實不好，就算不對勁，她還是會硬要照原來規劃執行。

★ 財運分析 ★

　　寶劍皇后的錢都夠用，但她的重心不是在錢上面。不過雖然不靠錢吃喝玩樂，但總要有錢來贊助研究吧！還好願意投資她的人非常多，足以成立一個基金會，但她個人會用的錢不多，如果要說念書，其實她也滿常拿獎學金的，是一個不算太有錢，但自給自足的人。

　　寶劍皇后不重金錢，她重視的是真理，但我們知道，真理也滿貴的，所以她常常會想要堅持一些東西，把錢花在上面，例如只要繳罰款就沒事了，但她堅持自己沒錯，所以要打冗長的官司來解決，到最後又不一定勝訴，或為了贊成一種理念

（像政黨）而捐款，而且她捐的都不是小錢，所以你分不清楚她有錢還是沒錢，理論上沒有錢的人，是不應該把錢砸在這些無謂的地方啊！

聖杯皇后
Queen of Cups

元素：水中之土

星座：天蠍座

―――― **圖面元素** ――――

　　牌圖中白色與藍色佔了大部分，眾多元素匯集在上方形成白色薄霧，而聖杯皇后隱身其後，水面平靜無波，可以映照出水邊的人事物，代表聖杯皇后喜歡往內在探求平靜。聖杯皇后是一張奉獻型的牌，德雷莎修女就是此牌的代表人物，溫和有耐心，聰明才智倒在其次，是比較不會計較利益得失的個性。

　　皇后的臉藏在其中，就是因為她是背後的人，背後的推手，如果以克勞利的分類，他是水中之水，也符合把臉虛化

的設定，但大家要發現一件事，火跟風的皇后都有正面示人，而水跟土的渙散元素，土皇后是側臉示人，水皇后直接把臉虛化，因為水元素本來就比較沒有自我。

聖杯皇后不是慈禧，更不是武則天，她擅長躲在別人的身後，做別人做不到的事，真的是賢內助的人格，而且任何事到了她手上，幾乎都有解決的辦法，不過聖杯皇后還是很慈悲，但是有想法，不會隨便著人別人說的話走，我覺得這才是真正的慈悲，慈悲不等於好騙。

聖杯皇后也不居功，因為她站上前線，所有祈願跟指責都沖著她來，那心理壓力實在太大了，會擾亂她思考，她喜歡默默地幫忙，當地下首長。（哈）

———— 占星對應 ————

聖杯皇后情緒大多處於安穩的狀態，是性格穩定的天蠍座。因為水中之土的土產生平和的作用，少了宮主星冥王星的興風作浪，所以不多疑善妒，可以回歸天蠍比較自然宜人的那一面。

未經修煉的天蠍腦內小劇場特別多，但聖杯皇后因為本來就有很多事情需要她忙碌，所以她就不會去關心小事了，我們應該也都看過，很負面的天蠍會一直覺得匱乏，覺得自己應該

得到，才會有那麼多的彆扭，如果是修煉過的天蠍，已經沒有什麼自卑的事了，也不需要再徵求什麼認同，就可以呈現天蠍的穩重。

托特的聖杯皇后是水中之土，還是懂人性的，而且擅於衡量，可以在你最需要她時，像聖母一樣走進你生命，不過太多的名聲反而會帶來無謂的煩惱，她只要身邊相處的人知道她的好就夠了。

天蠍仍然有一些不可思議的第六感，這個特質我覺得不是用來做什麼大事，就是拿來自保，有惡意的人接近，或有不好的事正在發生，聖杯皇后會本能地覺得不對勁，早早地篩過這些事，不用浪費無謂的時間。對聖杯皇后來說，蒼生雖然很重要，但自己的世界更重要，所以她的本能是先自保，再把自保的特質帶到保護別人上。

─────── 牌意解析───────

★ 總體分析 ★

整體來說，聖杯皇后是一張不要強出頭的牌，因為如果強出頭，會有比你更優勢的人打你的臉，不如停下來觀察，看什麼時候對方無以為繼，或曝露弱點，那時候再奉上解方。雖然聖杯皇后不愛出鋒頭，但如果不是太綜藝性的訪談，也有助於

推動正確的理念，倒是可以多多曝光。

這張牌因為不喜歡正面還擊，就算實力很夠，聖杯皇后為了給別人留面子，還是不喜歡正面衝突，她通常會鋪好一整個局，讓事情自然而然往她鋪設的方向發展，其中如果她發現自己有什麼錯誤，就可以默默解決，不傷己也不傷人，聖杯皇后整體來說是一張柔軟的牌，但也不會任人宰割。

★ 愛情分析 ★

聖杯皇后很挑人，但她挑定了以後，那就是你不管好壞，她就認定你了，如果你做錯什麼事，她都會幫你辯護（私底下會訓斥），你們可以形成良好的搭檔關係，她會全心全意為你付出，就算你對不起她，她也會找理由幫你開脫，只是要求你以全心全意做為回報。

但有一個死穴，那就是你不能欺騙她，不管真相有多不堪，只要明講就好說話，以她的聰明才智不難幫你解決事情，但如果欺騙她，你們的關係就斷裂了，她再也無法信任你。

只要誠實，聖杯皇后什麼事都願意一起陪你走，甚至共同排擠小三，她的忠誠度高到可怕。如果是我，面對她我會像面對雙親一樣，對方是無條件愛你的，只要誠實，什麼事都可以獲得原諒。

★ 事業分析 ★

聖杯皇后刻苦耐勞，若想得到她的協助，只要對她示弱，她就會心軟得出手相助，這一點很類似偉特牌的聖杯皇后（水中之水）。偉特的聖杯皇后容易搞砸事情，往往得花費更多時間收尾，反觀托特的聖杯皇后（水中之土），也許不會把事情辦得多麼出色驚豔，能承接的工作量也不多，但都可以穩定完成。因此聖杯皇后並沒有特別不適合的職業，只要是工作就會盡力做好。適合聖杯皇后的職業中會有一個最大的特色：那就是需要擁有很大的耐心及包容度，所以很適合擔任保母或幼兒園老師。

不過聖杯皇后也會注重自己的權益，她實力極高，就算丟給她預定範圍外的工作，她還是撐得下來，錢也可以意思意思，但不能裝作沒這回事，她會心寒的。

★ 財運分析 ★

這張牌都會有靠山，可能是家庭，可能是老闆，總之她就穩穩地站在自己的位置，打理一切，讓事情可以往更好的地方邁進。

她常常覺得自己什麼都不需要，都可以給別人，是因為她注重的不是物質，心理的需求滿足了，身外之物她覺得可以全

部都給出去，但客觀來看，她還是不缺錢的。聖杯皇后缺錢的標準和我們不同，她可能覺得兩百萬是一般存款該有的數字，所以就算沒有極力賺錢，也不用替她擔心，因為她比你我都還有錢。

四皇后

圓盤皇后
Queen of Disks

元素：土中之土

星座：金牛座

──────── **圖面元素** ────────

圓盤皇后頭上的角非常長，角象徵著資源，其越長表示生活越加豐饒。四張皇后牌都具有女性特質，因此雖然是土元素，但不會是一整片深沉的咖啡色，而是帶有一點綠色，如同植物生生不息的生命力。此處的綠葉也具有財富之意，呈拱門狀於後方保護著皇后。圓盤皇后的坐姿頗有一股回首來時路的情調，經歷多段旅途後，終於得以坐在現在的寶座，享受多年來的耕耘的成果，她身邊的農產品也代表資源不虞匱乏。

　　我們都說大地之母，雖然每個人都有父親，但生產孩子的主要角色，我們還是認為是母親。她轉頭看的世界是一片荒蕪，但有一條河流經這些土地，代表她是承受了很多艱難，忍受別人不能忍受的，帶來了灌溉，如今才有這樣的豐盛，這條河流經的荒地，代表圓盤皇后經驗的困境。

　　克勞利的原始設定，皇后是水元素，可能就是因為水帶來了滋養，可以讓萬物欣欣向榮，但養分來自於土壤，水只是攜帶養分的工具，所以遇到皇后，我還是把她們的人格歸類為土元素，因為一切媽媽該做的事：制定規矩、提供資源給予幫助、養育孩子……這些都不是柔弱的水元素可以做到的。圓盤皇后非常強大，但女性的強大不是爭戰、不是奪取，而是她永遠在那裡，你有不濟時，就可以從她身上得到需要的滋養跟力量。土元素也是陰性元素，但土是陰中之陽，所以是陰性元素中比較有主動能力的元素。

　　這張牌的性格很實際，也非常冷靜，土中之土屬於金牛座，所以我們覺得金牛座反應遲鈍，有可能是他覺得一時不宜表態，需要有時間把一切都觀察下來，才能做評論。土中之土的圓盤皇后不好騙，就算你覺得成功了，她也只是配合你，裝作被騙而已，因為她要看的是所有的事實，你騙她的地方算是小地方，她覺得沒有必要跟你爭論，打斷她的觀察。你騙她的

事也被她記錄起來了，但土中之土為人敦實，她就是放在心裡，沒事也不會跟你提起，所以很多人覺得她腦筋不好，可能是不習慣思考，但土中之土在思考方面可精的了，只是嚷嚷對她沒好處。

所以圓盤皇后沉著冷靜，不會出手，但她總是最後收割所有成果的人。

———— 占星對應 ————

屬性是土中之土，所以性情十分沉穩，傳統道德觀念強，但不容易與之溝通。因為圓盤皇后對一切的認知，都是長久實行下來，她覺得可靠的，所以她不一定正確，但這個模式對她來說可行，土中之土沒有嘗試新可能的興趣，既然這樣做可以，那就繼續下去好了。她不聽從你的意見，也不是鄙視你或反對你，單純就是她覺得不需要這麼做。你說：「但大家照我這樣做，結果都很好啊！」金牛座的圓盤皇后會說：「太好了，祝福他們，但我覺得我自己這樣做就可以了。」

她無意改變別人，因為別人改不改變跟她沒關係，只要不要煩她就好了，金牛座不愛管閒事，她只要自己過好就好了。別人過得不好，她就會給點建議，如果不接受，那也就算了，只要不要想干涉她就好，因為她享受自己的生活就已經很忙

了，而且她不喜歡意外，比較喜歡日子就像她習慣的方式，安穩地過下去。如果有挑戰，她經過評估，認為就算不成功，損失也不會太大，就會願意試試看，她的野心不大，只要能穩定的成長，她就覺得可以接受。

所以圓盤皇后的耐性非比常人，因為對她來說，所有事都被納為生活的一部分，她會試圖把所有的事都變成常態，這樣才能繼續做下去，她沒力氣執行一個「突然」的計劃，都是要什麼都談好，成果停損點設好，對她來說才是一件事情，她就可以把它放入每天的生活中，讓時間成就這件事。

────── **牌意解析** ──────

★ 總體分析 ★

這張牌考驗的是「陰德值」，不管算什麼，都要看你之前下的功夫有多少。如果是愛情，就要看你在愛情方面多有智慧，就是什麼事就要放長線釣大魚，如果之前沒有放線，那就要找有線的人幫你一把。

如果是剛要開始或建議，那這張牌就表示你離目標還有一段距離，但還好抽到這張牌事情一定會成功，只要死咬著不放，等久了就是你的，但態度一定要心平氣和，自己的情緒會壞大事，就淡淡地觀察一切，需要時再出手加把力，事情就會

走向它應該有的結局。

　　如是在「問題」抽到這張牌，就代表太悠哉了，需要多一點目標性，不然別人感覺不到你的誠意。需要表現出積極的樣子，別人才會願意幫你，不然會有皇帝不急急死太監的錯覺，雖然不慌不忙是你的優點，但別人比你積極，也說不過去。

★ 愛情分析 ★

　　圓盤皇后在感情方面並不強勢，是謹守本分的類型，不會想要操縱另一半。但同樣地，旁人也很難影響圓盤皇后，因為她做事情都有一套自己的方式。跟圓盤皇后在一起談感情相當輕鬆，雖然她有自己的規矩，但都清楚明瞭，十分容易掌握。不過圓盤皇后的傳統觀念較強，她在意門當戶對，若地位家世不對等，可能一開始就不會與之有所發展。她們的世界不大，變化性不多，但是對感情相當忠誠，也偏好穩定舒適的生活。

　　愛情部分，她的寬容度非常大，只要有一點點理由，她就會容忍你，但等到她覺得受夠了的那一天，就一定是分手，你會覺得她平常什麼都可以忍受，為什麼突然都變了？那是因為她是有在扣分的，扣到不及格就被死當了。

★ 事業分析 ★

圓盤皇后如同貴婦一般，給人的第一印象往往是「她應該不需要工作吧？」圓盤皇后適合的工作屬性是顧問、金融業、資產管理或投資客，只要有實力、有人脈，不需要勞心勞力也能夠有充足的資產。圓盤皇后的品味好，懂得鑑賞與享受生活，也適合從事美感或珠寶相關的行業。儘管如此，這張牌也是有缺點的：缺乏危機意識、企圖心不強，可能會過於樂觀而看不清現況。

所以嫁到豪門當貴婦是最好的選擇，但不是每個人都想嫁人，而且不是嫁了就好了，還要把家裡的規矩都化為血肉，按部就班，才能保住這個位置。所以反過來說，找個好企業，當它長久的助手或秘書，也可以生活得比較有品質。

★ 財運分析 ★

圓盤皇后的錢是存下來跟理財理出來的，如果現在還沒錢，需要的不是找錢，是要培養專長或投資的技能，或是買績優股放著，讓它穩定增值，如果是房地產更好，圓盤皇后喜歡房子，美感很夠（只是個人風格比較強），所以也可以當設計師或軟裝師。

她最大的優點不是賺錢，是建立永久的財源，也可能接案

發包給別人，圓盤皇后很照顧晚輩，所以她不用天花亂墜，就有一批死忠的朋友，賣的是人品跟信任感，其實我覺得圓盤皇后還滿適合做直銷的，因為別人對她的信賴感很強，她又懶得說謊，所以可以凝結成不錯的團體，圓盤皇后就也生活在其中，沒有在工作的感覺，就可以 24 小時投入。

四王子

魔杖王子
Prince of Wands

元素：火中之風

星座：射手座

────── **圖面元素** ──────

　　魔杖王子相當招搖，會吸引眾人的注意力。象徵榮譽的獅子在前拉車，代表魔杖王子享受被大家需要以及被注目的虛榮，如果缺少觀眾，就會缺乏做事情的動力。獅子也代表趣味、自信及新鮮感，魔杖王子會一股腦兒地投入自己有興趣的事情，可惜熱情不會持續太久，甚至比魔杖騎士還沒有耐心。魔杖王子的優點則是很好相處，牌圖上除了橘、黃色系，還有些微綠色存在，表示魔杖王子不會試圖控制旁人，他們認為與

大家相處在一起，彼此高興才是最重要的事。

　　他手上鳳凰頭的權杖代表死後重生的意涵，所以生命力特別旺盛，圖上所有的下三輪顏色都是往外開展，代表他活潑奔放的行動力跟熱情，雖然是火中之風，但火已經圈定了大致的範圍，所以不會沒有前進的方向，魔杖王子因為人格是風元素，所以他的火不會那麼專制死板，鎖定目標以後，還是有各種方式可以達到目標。他有意志力，也很靈活，跟人之間的交流更是熱情洋溢，我覺得他不太容易被得罪，因為他不太在乎一些小細節，但他很熱衷於對別人有幫助，只要有機會，他一定會願意拉別人一把，當然也很希望受到眾人歡迎。

　　魔杖王子是把熱情跟快樂散發給別人，雖然他也很自我，但那個自我來自於他對別人有助益，所以他要的是受歡迎，但他不會佔盡利益，因為魔杖王子家境也不錯，不需要那種小利益，他需要的更好的名聲，所以他在社會上會很吃得開，因為大家都知道他不愛計較，不會為了蠅頭小利跟人糾纏不清。如果叫他省錢，那他還比較想省時間，因為他的行事曆塞滿了想體驗的事，沒空在那邊跟人斤斤計較。

　　他是個好朋友，少數的缺點就是有點白目，也看不懂別人的臉色，但他的朋友都不會跟他計較，因為他以身為一個朋友來說，已經夠無私了，也坦然天真，所以大家都不會真的怪罪

他，而且跟他相處，益處大過於壞處，是很利他的人。因為他很不藏私，也不遮遮掩掩，所以大家跟他相處都覺得很舒服。但如果是也愛出鋒頭的人，就會覺得光彩被他搶走，而視他為眼中釘，但通常魔杖王子只會變成假想敵，因為他也懶得跟你競爭什麼，他只是在專心地做自己喜歡做的事，對於別人對他，除了褒貶，他沒有其它在意的事。

———— 占星對應 ————

魔杖王子一出場就會讓全場驚豔不已，風元素在此時會魅力四射，毫無保留地吸引大家的目光。但由於火中之風的續航力不佳，如流星劃過夜空，燃燒殆盡後總是什麼也沒留下。牌圖上火元素的意象以及魔杖王子身上的裝飾品，皆不是朝上的銳角，所以可以將這張牌視為較無傷害性地、單純喜愛出鋒頭的男孩子，對應到射手座的個人特質。

其實我覺得這張牌是獅子成為的射手，因為射手不會那麼自發性的招搖，是射手生來就自帶鎂光燈，他其實並沒有意識到他多麼受人注目，但他也不排斥別人對他投以目光就是了。魔杖王子還是喜歡這種大眾的眼光，因為可以聚集眾人的力量，做成個人做不到的事，只是在獅子的階段，會比較虛榮，喜歡出無謂的鋒頭，但到了射手，就是真心為別人著想。而且

他覺得大家一定都知道他的苦心，但其實並不盡然，很多人還是會往壞處想，這會讓魔杖王子受到很大的打擊，但射手座的特質，讓他打擊完就算了，不是自暴自棄，是他很想得開，反正他也不能把別人怎樣，別人愛怎麼想就怎麼想好了。

換句話說，火中之風的世界裡，別人的想法都沒有他自己重要，這是很好的自主性，不被別人的言語左右，也不會被別人動搖，他的榮辱只有他自己可以決定。因此，雖然有點孩子氣，但在異性眼中，他還是很有魅力的，不管是男性或女性，現在的人大部份喜歡很坦白的人。我的火象性質很強，我本來從小到大以為我不好相處，都是我要怎樣就怎樣，但有天我問一個男性朋友：「你們應該覺得我很難相處吧？」他大驚：「怎麼會？妳是我認識的女生中，數一數二好相處的人了！」我問他不會覺得我很自我嗎？他真誠地說：「我們都很討厭猜來猜去，妳不會讓朋友猜，有不合妳意的地方，就直接罵人，我就知道自己哪裡做錯了，以後就不再犯，這樣不是大家都高興嗎？」所以我就被他說服我是個好相處的人了……

現在人都很聰明，所以如果你是聰明的人，反而不要太愛現，因為你知道的別人也知道，不如開誠佈公，比較容易討人喜歡。

────── **牌意解析** ──────

★ 總體分析 ★

這張牌非常精彩，但人生的變化太多，所以不要抱有長期的期待，如果可以享受當下，不要想未來的很多事，那就會覺得比較沒有遺憾。

魔杖王子出現，就代表你要對正在做的事傾盡全力，不管成績如何，只要做到你自己的最好就夠了，也不用在意別人的評價，你做對還是做錯，日後自有公評，也不是你擔心就有辦法改變的事。

雖然是主觀的火元素，但有風的人格調和，他在眾人之間的評價還是很高，而且因為大家都信任他，所以很多事他可以出來說公道話，大家都信任他，是因為大家都知道他懶得說謊，火元素跟風元素都很急，沒時間跟你這邊心機來心機去。

一般來說，火元素為主的人格會有點惹人厭，因為他自以為是，又把自己捧得太高，雖然魔杖王子也有點自戀啦！但他還是有把別人放在心裡的，對他來說，雖然他很偉大（誤），但其他人的存在才能彰顯他，配角也是很重要的。

★ 愛情分析 ★

感情上比較像是轟轟烈烈開始卻草草結束的類型。一般與

戀人在一起的時候都能感到開心愉悅，但魔杖王子不會考慮長遠的未來，而且火中之風的兩種元素都是陽性元素，且不擅長保持長久。也許往後回憶起這一段日子，依舊會覺得精采耀眼，對於追求熾烈而非長遠感情的人而言，這是一張好牌。

如果要結婚，這不是一張好牌，因為魔杖王子的變數還太多，他的人生也很多變，不太適合許下承諾，如果他講了，也只能不守信用了，但在講的當下，他是真心的，他也覺得自己能做得到。如果他做不到，真的只是因為他無法預見未來，不是存心欺騙你（突然開始為他辯解）。

如果是「建議」，這張牌建議你不要想太多世俗的事，因為那不在你們的掌控範圍，好好地享受當下就夠了，如果分手，那就當成完成一段故事，自己還有其它的人生道路要走。

★ 事業分析 ★

魔杖王子適合成為模特兒或通告藝人，可以讓大眾看到他張揚華美的模樣。他天生擁有吸引別人目光的天份，不管他自己有沒有發現，所以他適合對外的工作，只要是要社交的（例如公關、簡報人員）或表演的（藝人、說故事姐姐、商品解說員、導遊），他都擁有天生的優勢，實力在其次。他很容易獲得別人的認同感，一旦認同，就會對他做的所有事都給予莫名

其妙的高分。

　　他也很適合當發言人或代言人，因為他的形象良好，很少會做讓人反感的事，這就是愛面子的好處，你做什麼事都會先「自我審查」，而且標準不低，先過自己這一關，別人的評價大多不會有問題。

★ 財運分析 ★

　　魔杖王子的財運不錯，他比寶劍王子會花錢一點，寶劍王子能屈能伸，但魔杖王子的生活是要在眾人面前，他有他的品味跟堅持，就算不是很貴，至少要是文青用品，他很擅自買打折的高價品，或過季出清的長銷款，他不是想炫耀，對他來說，那是「見人」的基本要件而已。

　　如果要提到賺錢，他雖然不是富翁，但也比同年齡的人更有賺錢的能力，只是也更有花錢的能力，至少在同齡的人面前，是有型有款的。他很勇於表達，所以比其他人有賺錢的機會，而且他很在意自己的評價，所以不怕他跑路，是可以放心把事情交給他的人。

四王子

寶劍王子
Prince of Swords

元素：風中之風

星座：雙子座

──────── **圖面元素** ────────

　　牌圖上，在前方拉扯車子的是寶劍王子的分身，三個分身皆跌跌撞撞，朝不同方向前進，因此這張牌就如同圖像那般代表著「混亂」，所以也具有無法下定決心的意思。牌面上的黃色、綠色比例重，代表具有分析事情的能力；深綠色表示多思多慮、心防重，不願意被旁人看穿自己在想什麼；黃色則代表想要討好所有人。

　　王子本身是深綠色，背景為黃色，可能會為了面子或是達

成某些目的而說謊、隱瞞真相。寶劍王子大多將心思放在如何防止別人剽竊屬於自己的東西，卻忽略了精進自身而無所成長，算計過頭到最後反而找不到方向，生命越來越混亂，是聰明反被聰明誤的典型。

　　當然也有優點，就算你不知道未來是怎樣，如果現在不愉快，當然就是直接改變再說，馬上把困境突破，才會看到新的景象。如果你已經確定未來的方向了，出現這張牌就容易陷入混亂，但混亂也不會一點好處都沒有，至少你會看到一點點新的可能性；如果你還沒決定好自己的方向，那這張牌雖然長輩會說「應該要穩定下來」，但你學得還不夠多，早早穩定下來就是讓自己的可能性停留在這裡，好像井底之蛙一樣，你覺得是穩定，但其實只是你沒看過更大更好的世界。所以寶劍王子是一張過渡階段的牌，如果長久下去，這張牌容易一事無成。

　　寶劍王子最大的缺點是朝令夕改，因為他無法確定自己要什麼，就讓大家跟他一起團團轉，所以在這個階段，他還不適合創業或當主管，因為他還沒想清楚，如果當個牽一髮動全身的人，造成的災難會很大，而且跟隨他的人會有受愚弄的感覺。其實他不是故意耍你，他只是對自己的概念還不清楚，不小心拖別人下水而已。

　　寶劍王子的好處是生命剛剛開始，所以要學的還很多，風

元素本來就是「學習」的元素，風中之風的學習力更強。但如果抽到這張牌，先按捺下來，暫時不要做決定，等過一陣子學更多了以後，你才知道自己哪裡還沒看到，才會做出更確切的決定。

─────── **占星對應** ───────

還沒有擬定妥善的計畫之前，寶劍王子往往就已經先行動了，比魔杖騎士及魔杖王子都還要衝動。有時也會倚仗自己的聰明妄下結論，如此就會發展成負面的雙子座性格而顯得目中無人。

雙子座的缺點大家都知道，說得到做不到，常常放人鴿子，想法一天數百變。這些缺點，當然會在工作跟戀愛方面都讓人覺得不可信任，但往好處想，他就是個年輕人，其實他不是花心，他沒有真的非常喜歡你，大多數時候也只是曖昧而已，他還在尋覓當中，所以不給承諾也是正常的。如果是工作，他本來就只是還在學習階段，還沒找到自己真正要投入的事業，所以應該是要給他一點時間的。不過，如果已經超過三十歲，這些本來看起來還滿可愛的缺點，就會變得很可恨了，成家了還心性不定，該養家了還一直換工作，這都比較不可原諒了。所以寶劍王子從可愛到可恨，決定因素就是年紀。

想想看一個中年大叔或大嬸，整天還在講說：「我好猶豫喔！我不知道我要什麼，這個世界太令人困惑了。」想到就很想打他一巴掌。

寶劍王子最大的優點，就是因為他要不斷地轉換環境，想到就要拋棄現有的，到下一個可能的場所，所以適應力很強。不管是什麼樣的人，他都有應對的一套方式，而且很快就能摸清對方的想法跟個性，對於很多該做的事也可以一下子就上手，就是因為很快就學到了，所以也很快就厭倦，因為這個世界對他而言，沒有太多的挑戰，他最大的挑戰就是他自己，沒有辦法把自己要什麼定下來。如果他到了可以下定決心的時候，依他的才能，很快就可以有所作為。

這種人如果遇上戰爭或改朝換代，很容易存活下來，因為他們隨時可以轉換環境，並且找到自己的生存方式。但如果在太平盛世，他們就一直尋尋覓覓下去了。

──────── 牌意解析 ────────

★ 總體分析 ★

寶劍王子大有可能敗給自己的聰明，不論在工作或感情領域皆是如此。他們總是三心二意，目標不明確，即使有一手好牌，也能說得天花亂墜，但往往因為衝動行事而終將一事無

成。如果「建議」抽到寶劍王子，表示先不要急著下結論，要多方蒐集資訊、嘗試各種可能性。

　　寶劍王子的優點是可以一心多用，但缺點也是一樣，目標太多就很難專注，所以如果要把缺點轉化為優點，就要找本來就需要不斷變換目標的事情來做。如果是工作，廣告傳媒業就很適合，因為每一次的新 case，就需要轉換一些概念跟思考模式，很適合寶劍王子這種不斷轉換想法的人。

★ 愛情分析 ★

　　如果你遇到的人是寶劍王子，就需要保留一點。他說的話當下是真心的，但很快又改變想法了，他沒有騙你，只是想法轉變得太快，當朋友是很有趣的人，但當情人，就會令你很沒有安全感。

　　這張牌如果在「狀況」時抽到，就代表你們還在觀望，你們雙方都不是對方最後的人選，就只是在一起增加經驗而已，很難走到最後。如果是很年輕的人，那這張牌就是很正常的狀況，因為本來年紀就還不到定下來的時候，如果是年紀大的人，那這張牌只是過渡期，可能一時寂寞，找個人來填補空隙，很快就會被別人吸引走，建議不要放太多感情，如果太認真的話，很快就會嘗到失落的滋味。

★ 事業分析 ★

前文說過，這張牌在工作方面，不太適合傳統產業，比較適合活潑一點，像業務或傳媒，每次接觸的客戶都不一樣，才能讓想法活躍。每次面對不同的對象，新的想法就會出現，這比較符合寶劍王子的本性，不需要太改變自己。對這張牌來說，定下來跟保持安定才是最困難的事。

如果在傳統產業中，就需要在靈活的部門，例如研發或行銷，或是公關部門，因為寶劍王子擅長與人接觸，長久面對一樣的工作內容，他很快就會厭倦，只有面對人，是每個人都不一樣，或者要寫各種不同的提案，這張牌很適合不斷挑戰自己，不適合太制式的工作。

★ 財運分析 ★

這張牌很會賺錢，但一樣地，同樣模式 run 太久就會厭煩，所以不太能穩定地往上爬，但他很容易一鳴驚人，所以如果不能慢慢向上，就很適合創業。不過，一定要是活潑型態的產業，如果開婚友中心或是企劃工作室，當行銷公司也不錯，或是專職寫文案也很適合。

寶劍王子不太會存錢，但也不是很會花錢，他能屈能伸，錢多有錢多的用法，錢少有錢少的用法。他很擅長一塊錢當五

塊錢花，也很會開發財源，只是個性太不穩定，所以只要遇到
失業期，就會把餘錢都消耗完畢了。

　　這張牌很適合投資，但一定要對自己的工具（股票或基
金）有很大的了解，如果有把握，寶劍王子是投資的行家，有
自己獨到的理論跟操作方式，如果太心急，很容易一知半解就
上線，只能賺第一次，之後就被市場洗掉了。

四王子

聖杯王子
Prince of Cups

元素：水中之風

星座：雙魚座

──────── **圖面元素** ────────

聖杯王子的顏色以藍色、紫色為主，這是屬於頂輪的顏色。鳥拉著車子漂浮在水面上，水代表潛意識，暗示聖杯王子想得多、做得少，總是停留在腦中思考的階段，沒能有所行動。四位王子中，對應到風、水兩個元素的王子，其眼神都不是直視前方；屬於目標元素的火、土，兩位王子則看向前方。同為有著風元素的寶劍王子眼神混亂；而聖杯王子專注於眼前的杯子，代表活在自己的世界裡。杯子裡有蛇，一般而言，蛇

象徵智慧，但此處蛇只代表欲望及求而不得的東西；加之這裡的蛇被困在杯子裡，更顯示出其薄弱的存在意義，彷彿一切皆是空想，自己做了一場美夢，最終認不清夢外的現實。聖杯王子手上的蓮花往下垂，也是呼應這個華而不實的意涵。

　　拉著他車子的是代表水元素的老鷹，代表帶著他前進的是夢想，而他不看向外面的世界，代表這個人不太切實際，但往另一方面說，也代表這個人有藝術家特質，願意為了理想奮不顧身，放下自己所擁有的一切，只為了追尋夢想。就「藝術家特質」來說，對多數長輩而言，代表的是貶意，就是吃不飽只顧著作夢，但在年輕人眼裡，就會覺得是有才華的代名詞。

　　整張牌呈現深深淺淺的紫色，都是上三輪（喉輪、眉心輪、頂輪）的顏色，完全沒有接地的顏色，所以本來就不關心世俗的事。聖杯王子是藝術家，我們聽到有學生是念藝術的或哲學的，都會直覺反應可能是有錢人家的孩子，才會念這種不需要擔心吃不飽的科系，但如果不是，聖杯王子在社會中生存，會很辛苦。

　　如果是聖杯公主（水中之水）還好，她會安於自己的世界，自己所擁有的事物就滿足了，但聖杯王子是水中之風，他還有很多的理想，水是夢想的元素，他的本質是水，本來就會有許多想法，風元素是不經大腦做事的代名詞，所以要跟這個

人相處，容忍他的任性，他身邊的人必須是萬能的。

──────── **占星對應** ────────

水中之風使聖杯王子的內心起伏很大，有時帶有豐富的小劇場，有時則相當多疑，但情緒來得快，去得也快，性格傾向雙魚座。

不說雙魚，光看水中之風，好處是溫柔善良，風趣幽默，壞處就是沒有肩膀，扛不起責任，年紀輕的時候會覺得可愛，但如果年紀大了，不管男女，都會讓人覺得喜歡逃避，感覺很吃不消。但是就像前文說的，如果他是感性的藝術家，就對他比較能諒解，像戲劇《阿信》中，在二次大戰時期，為了不想看到殘酷的戰爭，而逃進山裡的俊作哥哥。雖然是逃避，但也是代表內心柔軟，承接不了外界的衝擊，是好是壞，要看他身處於什麼職場、什麼環境而定了。

雖然很善良，但風中之水沒什麼分辨能力，很容易被騙，因為風跟水都是容易改變，所以風中之水很容易受別人意志影響，也很容易聽別人的話而動搖，但這張牌中的水是停滯的，就沒有風跟水加起來的流動感覺，所以思想是比較落在泥淖中的，這也是聖杯王子一下子就相信人，而且一信就很執著，沒辦法發現不對就馬上抽身的原因。但牌中的老鷹是一個帶領我

們脫離錯誤觀念的利器，因為老鷹雖然是象徵水象的動物，但其動物的意涵是偉大而自我，可以帶我們脫離這片泥淖，所以水中之風的社會地位就像藝術家一樣，如果沒混出名堂的話，社會地位極低，如果作品被世人認同了（藝人也算），那就會受到極力吹捧，用自己的才華可以賺進金錢跟名聲。

雖然水是萬物之母，但處在一片泥淖中，水比較沒辦法被傳遞吸收，因為泥比水還多，所以王子手上的蓮花才會垂頭喪氣，要等到王子的理想成真，全世界都聽他的，他身邊的一切才能抬頭挺胸，但上三輪的顏色太多，很難在世俗中取得大眾眼中的成就，所以他必須犧牲一點自己，要媚俗一點，才能跟世界和平相處。

────── **牌意解析** ──────

★ 總體分析 ★

整體來說，這張牌就是缺乏意志力的代表，但感情豐富，在事業方面，除非跟藝術、哲學等不太需要吃飯的類型有關，因為他也不太關心賺錢的事，所以就只好欲望低一點了，還好水跟風的物質欲望也不算太強烈，水跟風都是可以吃露水跟空氣過活的人格類型。

所以如果要他在工作上有發展，這工作一定要是他熱愛的

事，他沒辦法純粹為了賺錢而努力，一定要對這件事有認同感跟使命感。他的生活跟工作通常分不開，就像藝術家，很難說他什麼時候是在工作，什麼時候是在休息，因為他休息的時候，腦子裡也通常在構思什麼，工作對他來說也是一種心靈的放鬆。

談戀愛的時候，他是一個麻煩的人，因為看似無情最多情，看似多情最無情，他就是弄不清楚表達方式跟什麼時候該做什麼事的人。

★ 愛情分析 ★

感情上，聖杯王子很容易對人付出感情，但依我的觀察，很容易付出感情，但不容易付出真心。他需要包容，在一段關係裡可能比火元素更加任性，但沒有那麼有佔有欲。不過聖杯王子的要求不多，因為他不會去控制別人。聖杯王子的情緒起伏通常比較大，此時另一半很可能會被波及，如果這個時候讓他獨自冷靜，他也不會抱怨記恨，這一點很像雙魚座的個性。

聖杯王子很容易讓人覺得擅於欺騙人，但其實他不是欺騙，是他很身不由己，他像一個讓人覺得很花心、隨便追求人的人，但水中之風不會主動追求，只是比較不擅於拒絕，這也可以稱作濫情，多情跟濫情，外人很難分出差異。

★ 事業分析 ★

聖杯王子適合在工作的時候可以安心處在自己所創造的世界裡，就像編劇、作家一類的職業。

水中之風沒想到別的辦法，他只能做自己熱愛的事，其它的事都會失敗，因為水中之風沒有現實的生存能力，賣賣點子還可以。除了藝術家之外，他還可以當公關，因為公關可以靠說話生存，又需要個人魅力，是他最擅長的事（相較之下啦！我以前也是企劃公關出身，要忙的事可多了，只是都是在人際的努力比較多，最多的工作內容是打電話跟與人開會，這聖杯王子還做得到）。

如果他可以爬到高位，那就是政客（不是政治家，是政客）跟外交官，因為他先天內建了敏感的機置，會主動知道別人在想什麼，雖然有點自戀，但必要時，也是很會討好人的。

★ 財運分析 ★

水跟風都是渙散元素，對於金錢的掌控力不足，而且花錢之前沒辦法先考慮，所以也沒辦法只花小錢。他不能慢慢地存錢，因為存的速度太慢，他會誤以為存錢到頭來一場空，但那是因為他需要花錢的時候太多。

水跟風雖然不能賺很多錢，但可以保持在「時時刻刻都有

進帳」的狀態，因為存不下來，錢水就要活，就比較像自由業
或做小本生意（不能是大本生意，他們承受不起這個壓力），
這樣就隨時有錢可以運用。聖杯王子不用很富有，只要不餓死
就夠了。

四王子

圓盤王子
Prince of Disks

元素：土中之風
星座：處女座

─────── **圖面元素** ───────

　　圓盤王子看起來相當具有騎士風範，顏色配置也頗為華麗精緻。個性溫吞、不躁進，相信經過時間淬鍊後，自然可以凝聚出一股力量。以行進速度來說，風中之風的寶劍王子最快，但缺乏方向感，代表獅子的魔杖王子次之，代表鳥的聖杯王子排名第三，而代表牛車的圓盤王子則敬陪末座。不過，圓盤王子比其他三位王子穩重，擁有的資源也最多。他的手上拿著地球，代表資源都在掌控之內，正按照計畫一步一步前進。牌面

上，黑色佔了很大部分，代表著圓盤王子擁有堅決的意志力，但在意志力的背後，又有彈性可以變通，不會因為太固執而錯過一些新機會。

他左手控制地球，表示他的堅強意志，因為只是王子，就盡可能去推動自己想前進的項目；右手是權杖，代表能夠堅持自己的理想；本質是土，表示自己的目標，他很早就有方向，但人格是風，就代表理想尚未成形，還有需要觀察的地方。如果只有土，就表示一切都是從祖先長輩那邊傳下來的想法，沒有自己的想法，但以王子的年齡來說，這樣就太不個人化了，就是被傳統制約的人，也會缺少年輕男性應有的自我魅力。

他其實還不太有魅力，因為他忙著學習，還沒開始掌握住自己，他的自我要很久以後才會慢慢展現，所以他現在還沒有太多個人意志，都是跟著大眾去思考，自己的想法佔一個小小的地方，然後用其他人的思考澆灌，最後長出自己的大樹，跟偉特的侍者一樣是風元素，所以我都說土中之風是學徒，還在學習，還沒有把握自己是對的、是好的，所以只能慢慢觀摩。

基本上圓盤王子是可以信任的，因為他本質是土元素，所以沒有那麼多奇詭的心思，但人格又是風元素，代表面對很多問題，他都可以找到解決的方法，所以年輕時可能很低調，但隨著年紀增長，他的意志跟想法也越來越強大，但現在還在很

謙虛的年輕人階段，會很遵從長輩的指示，覺得這樣可以幫助自己吸收經驗。

牌面主色是咖啡色，咖啡色是再深一點的紅色，所以代表他對物質的欲望很深，對具體的事物也很有野心，只是要等慢慢長大，才會更知道自己要什麼，也才會放手去爭取，總的來說，是一個物質欲望很強烈的人，但目前還在累積當中。

占星對應

相較於圓盤騎士，圓盤王子少了霸氣，但其組織性、計畫能力較為優異，待人處事並非單靠決心和衝勁，而是有健全的計畫，按部就班，因為土中之風都是理性元素。

圓盤王子是土中之風，土跟風都是理性的元素，土中之風代表不太感性，凡事都依照邏輯或經驗判斷，不會有太多個人的觀點，也不會受環境的騷動影響，通常就看什麼是什麼，不會有太多成見跟情感波動。

就占星來說，土中之風代表土象變動宮，也就是處女座，我們都知道處女座的男生在工作方面很讓人信任，也很願意指導別人，有時太注意細節，別人也許不願意聽他的，所以他只能全部擔下來做，因為他害怕有失誤發生。

處女座雖然知道自己可能想要什麼，但一切還在評估中，

所以也可能隨時會改變想法，因此在感情方面，圓盤王子還是不那麼確定，但他知道大致的方向。不過年輕人就算知道自己要什麼，但想要的跟需要的是不一樣的，圓盤王子可能需要幫夫（妻）運很強的人，只是他的人格風元素有可能喜歡有趣的人，所以他還是會有意無意接近自己喜歡的對象，等真的要講到感情時，他就清醒了，發現眼前這個人不是適合的伴侶，又轉回正途去了。所以他雖然算是忠誠的，但這種搖擺不定就會讓人誤以為他很花心，其實他不是花心，他只是還在擺盪。

────── 牌意解析──────

★ 總體分析 ★

四位王子都處在嘗試的狀態，一切尚未有定論，他們全都裸著上身，與身穿全套盔甲的騎士不同，王子還沒有要上場作戰。圓盤王子比較特殊的地方在於，他一直在累積自己的實力，或許還沒有正式執行計畫，實際上已經掌握了不少資源。這一點類似偉特的學徒牌（錢幣侍者）。

圓盤王子的整體分析，就是他是一開始沒沒無聞，但當其他人背叛的背叛，沒出息的沒出息，你才會看到他穩穩的，始終如一，沒有二心地等在那裡，才會開始重視他。當你重視他之後，他開發的程度不高，但守成的本事倒是沒人能出其右。

★ 愛情分析 ★

在感情方面，土中之風並不會太沉悶，比圓盤騎士活潑一些。戀情目前已經相當沉穩了，但未來還有更多發展性。圓盤王子未必是濃情蜜意的另一半，但願意與對方好好相處，是頗為溫和的戀人，近似處女座的男孩子。

他只是猶豫不決，一下子覺得這樣比較好，一下子覺得這又不是他真心想要的，所以一直在調整自己的標準，但發現自己誤會的時候，圓盤王子也會斬斷得很快，讓人以為他是無情，其實他只是不希望錯誤擴大下去，弄到不可收拾。所以，有一些「偽君子」、「低調的花心大蘿蔔」這種不實的指控就會發生在他身上，但想想，他也沒做什麼，就只是展現一點興趣，沒佔人家便宜，可能還當了一陣子工具人，只是最後醒過來，發現這不是他要的。「花心」這個形容詞，對圓盤王子來說太沉重，只是一開始他以為自己想要，後來清醒過來，知道這不是他能要的，其實我覺得，年輕的時候先不要把自己鎖死，冒個險去看看自己真正喜歡的，說不定年紀大了以後狀況有變動，對方就已經具備你需要的條件了。

要說是無情，其實也是。因為之前已經有了一小段感情，怎麼說放就放，但如果繼續下去，就會造成更多傷害，到那時就算他被罵渣男，也是無法挽回的，所以還是快一點止損好。

★ 事業分析 ★

圓盤王子適合任職於需要蟄伏一段時間，但未來前景看好的工作，例如儲備幹部，或是傳統產業，如水電、木工，只要掌握實質技藝並善加運用，就能有好的發展。

如果他家境不錯，也可以累積出一點成就，但他的才智中等，所以需要團隊支援，名分上是他手下的人，實際上都是把他推上高位的人。圓盤王子算是不用急急忙忙需要趕快成功的人，他擁有很多資源，可以慢慢前進。

一開始會因為不好下判斷，所以放過很多機會，但年紀越大，經驗越多，越來越知道什麼是該抓住的，所以事業方面，圓盤王子是走中老年運，因為年紀越大，他才會越清楚自己要什麼，也才不會輕易被誘惑、輕易放手，造成雙方的麻煩。

★ 財運分析 ★

圓盤王子的家境不錯，可能是有點錢，也有可能是事業有底子，也有可能父母的人脈很廣，總之一定有些事情，會讓他比其他年輕人有靠山，所以他面對社會的態度，就比較不像其他年輕人那麼毛躁，就算求表現，他也不會太唐突，就是把事情全都做好，讓你無意中發現，他是年紀輕輕就很沉穩的人。

四公主

魔杖公主
Princess of Wands

元素：火中之水

星座：射手座

--------- **圖面元素** ---------

　　圖像洋溢著興奮有趣的氛圍，紅、黃兩個主色之外，還有一些綠色，代表渴望探索且樂在其中。魔杖公主大多依性情行事，不會過分考慮完成這件事情之後，是否能從中得到實質的好處。牌面上的老虎代表恐懼，腳底下的路往前延伸到末端，表示此刻正在路途的中段，還看不到終點。公主似乎想要往上跳，卻被老虎的尾巴絆住，恐懼朝公主席捲而去。但魔杖公主有初生之犢不畏虎的勇氣，不會因此退卻或被恐懼及其它限制

所影響。仔細一看，可以發現這隻老虎正在熟睡，牠實際上發揮不了什麼影響力。左側的聖杯裡有火，代表公主會為了興趣和熱情去做一件事情，而不是為了金錢利益。公主頭上的觸角彷彿來自老虎軀幹的延伸，意味探尋前方路途的一切可能性。

她手上拿的是太陽權杖，太陽是獅子座的守護星，可見克勞利當時真的把她歸於火中之土，但在性格跟經歷的部份，我還是覺得火中之水比較適合，下一段會說到。從色彩的部份來看，也比較是獅子座的分配，遠方的未來，大多數是紅色，代表強烈的衝勁；越中間越是黃色，代表自我經過選擇的意志；少許的綠色，代表容許其它事情發生的可能性。所以凡是公主牌，都是有彈性的，她們可以包容一切意料中事物發生。

我一直覺得自己日常的性格比較接近魔杖公主，其實沒什麼責任感，月亮星座也是牡羊座，太陽星座是射手對宮的雙子座，所以某些程度組合出類似射手座的性格，像我從小就很愛看書（雙子座跟射手座都是），對很多世俗的標準都有意見，到最後還是我行我素，但也不介意偶爾配合別人，因為這樣最不會為我帶來麻煩或批評。

魔杖公主是性格代表的人，通常熱情，雖然很多地方有意見，但不會固執，因為她知道自己有可能是錯的，人生還有許多成長的空間，但如果要改變她的看法，一定要有事實可以說

服她，讓她自己親身經歷過，光用道理講，是沒辦法讓魔杖公主認同的，畢竟火元素的人，本來就有或多或少的偏見，只是人格是水元素，所以可以有改變的空間。

─────── **占星對應** ───────

魔杖公主是火中之水，水元素會削弱火元素原本強烈的目標性。火中之水尋找目標的準則大多是「比較好玩」而非「比較有用」。魔杖公主非常會享受生活，可以從玩樂之中成長，生活多采多姿。

在占星方面，火中之水象徵不穩定的火，也就是火象變動宮射手座，魔杖公主像射手座一樣有無窮的好奇心，一旦引起她的關注，就什麼都要嘗試一下，因為火元素，不像寶劍公主一樣查查資料就可以了，魔杖公主一定要親手、親身去經歷跟碰觸，所以魔杖公主喜歡旅行，因為她喜歡探險跟面對各種挑戰，就算受傷，她也當成是自己的勳章。魔杖公主既然有了好奇，就不會在意自己要付出的一切，而且她熱情洋溢，願意跟人交換經驗跟所有物，就像射手座一樣。如果是克勞利定義的獅子座（火中之土），那就無從解釋魔杖公主的開朗與冒險，可能因為克勞利所處的年代，對獅子的定義跟我不同（其實如果有看過我的占星書，就知道我對獅子的定義跟所有其他人都

不同），他把獅子座（慾）定義為：為了本能而生存，不顧一切掠奪自己想要的資源。但我不同意，獅子畢竟是固定宮，主色又是黃色，我眼中的獅子座非常社會化，而且擅於揣摩別人心思，因為他希望在每個人的面前，他都是友善又優秀的，所以獅子座會想配合所有的人，而且熱愛付出，因為他不稀罕身外之物，只要每個人都稱讚他、對他有好評價，他可以什麼都不拿。

———————— 牌意解析————————

★ 總體分析 ★

魔杖公主喜歡親身經歷，所以她最不會做的事就是紙上談兵，她會吸引知識，但一定要在現實上可以用到。她需要很多給她意見跟自身經歷的同伴，讓她可以更切實地制定策略，也可以準備好應變各種可能性。

因為彈性很大，可以做出各種應變，所以她的事也不會很容易被定型，戀愛也不會，她會多元嘗試，定下來之後再有它各種可能性，因此會有多彩多姿的人生，有可能被寫成書或拍成電影，創造另一個傳奇。

在彈盡援絕的狀況下，可以徵召她加入試試看，很有可能出現另一番局面，魔杖公主常常可以在看起來陷入絕境中時，

找到生存之路。

★ 事業分析 ★

魔杖公主很類似射手座的女孩子，適合的工作是導遊、旅遊美食作家，或在遊樂場打工等，不是死板的工作型態，而是富含變化性，可以經歷許多有趣好玩的行業。

我有一個朋友的男朋友，性格很像圓盤王子，做什麼事情都有目的，例如學了姓名學，就會立志成為算命大師；學程式語言就會鞭策自己到達能夠以此維生的水準。但我跟朋友就屬於魔杖公主，不論做什麼事情，都更重視過程及樂趣，而不是思考未來會如何。

如果是工作，魔杖公主式的可能當推銷員，她會看到商品中別人沒有發現的優點，也會想出更多元的應用，當然這種特質，更適合當行銷人員，她會全心喜愛自己的商品，並把這種熱衷帶給別人。也很適合當研發人員，把一種商品做到淋漓盡致，還可能延伸出其它用法，或使用者想不到的功能，她是可以開發出任何可能性的。

就是因為如此，魔杖公主的人生會有各式各樣的可能性，很多你覺得只有戲劇中會出現的情節，就會發生在她們身上，所以未來很可能大起大伏。就是因為魔杖公主可以蹲得很低，

所以跳起來時也可以跳得很高。我看過一本星座書寫有一位射手座女性朋友，跟丈夫、孩子還有狗住在一間只有一房的公寓，占卜師看她的命盤跟她說：「你會經歷極為困頓的一段時間。」那女的感興趣地說：「請問會是什麼時候啊！」射手座就是不管好壞，對他來說都是經歷，沒有好壞之分。

★ 愛情分析 ★

魔杖公主的愛情喜歡兩個人一起出去玩，對生命充滿熱情，去旅行時也不會窩在旅館裡，是點子多也很會玩的戀人組合。對魔杖公主來說，即使戀愛關係不長遠，但一定會留下美好回憶，這才是最重要的。分手的時候，魔杖公主不會糾纏，是拿得起放得下、好聚好散的類型。

魔杖公主對性很有探索心，會嘗試各種可能性，魔杖公主是「忠於執行」的人，與其聽說，她不如自己試一次。談戀愛的時候，她很少靜靜地跟你用「談」的，都是出去玩或者在性事方面探索，對她來說，戀愛是動態的（笑）。

她談戀愛的對象也很多元化，她喜歡接觸各種不同的人，並且了解他們的想法跟作風，所以談戀愛的對象有大眾情人，也有別人搞不清楚吸引力在哪裡的人，但他們一定特色鮮明，引起了魔杖公主的探索慾望。

★ 財運分析 ★

　　如果要創業，魔杖公主通常沒有金錢可以燒，但她會跑東跑西，把創意理念從頭到尾瞭若指掌，吸納更多的支持者，而且她人脈很廣，可能可以吸引到投資人或金主，魔杖公主的熱情也會感染他們，讓他們對於這個事業投入狂熱。

四公主

寶劍公主
Princess of Swords

元素：風中之水
星座：雙子座

────── **圖面元素** ──────

公主手中的寶劍象徵知識，蘊含足以披荊斬棘的力量。前方本是一片迷霧，公主從一團烏雲裡突圍而出，運用寶劍劃出一道黃色的缺口，使陰翳中照入一線光明。寶劍公主代表獲得知識及資訊，走出了以往的困境之後，眼前的路將會更加清楚。最終身穿綠色的公主將黑色迷霧踩在腳底下，綠色代表與外界溝通，釐清現況。

寶劍公主就我的定義來說，是風中之水，天真而自由，風

是方向不定的前進力，因為風元素沒有確切目標，如果以克勞利的元素分類，寶劍公主是風中之土，很聰明，所以能夠掙脫出陰霾，找到自己的目標，但我覺得她需要更多的時間，她才剛剛擺脫無知，正在找尋方向，好累積智慧。以公主的年紀，我不傾向認為她已經擁有智慧，她應該只是知道自己要追求什麼方向，但還沒達到，而且有很大的可塑性，因為風跟水都是未定型的元素。寶劍公主剛好就是宮廷牌人物裡年紀最小、尚未定型的一員，她因為年紀小，所以求知慾非常強烈，但範圍也很廣，什麼事情只要有動靜，都可以吸引她的注意力，所以正是大量吸收知識的時候，但未來會變成什麼人物，尚未可知，就跟所有公主一樣，寶劍公主在聰明才智的增長空間非常廣大，最好不要太快定義她，因為她發展的空間，比你我想像的程度都大。

　　寶劍本身就是人工的工具，刺向空中，代表她利用人類的知識，突破一切迷茫，黃色是社交的智慧，代表她的智慧是在人際跟社交上的。她非常擅於觀察人的一舉一動，從中學習自己的未來發展，她的頭上戴有蛇頭，也就是美杜莎頭盔，代表她受到保護，依現實世界來說，可能是學校或家庭的保護，讓她在年幼的階段，就可以探索智慧。克勞利說天空和雲彩充滿憤怒，但我覺得色彩不是憤怒的代表，灰藍色代表探索不盡的

世俗智慧，黃色的劍光，代表世間的智慧，寶劍公主用很多前人授予的智慧，探索這個世界。

以元素來說，寶劍公主的聰明才智，都是從書上或談話間學習到的，她很會舉一反三，溝通能力也很強。如果是克勞利定義的風中之土，那在聰明才智方面就有點老學究的氣質，但對知識的執著是很強的，她對知識的渴求大於對一切的嚮往。如果是克勞利的定義，她就是天生通曉一切，很像天才，是上天賦予她頭腦中的一切，但風中之土很受限，雖然知道很多，跟風中之水一樣好奇，但她對於自己不知道的一切，她會習慣冠上框架，把所知的一切用自己舊有的可能性當範圍，把知識收在裡面，有點像我們說的，如果你頭痛，去找哪一科的醫生，她們就會用自己所擅長的知識解釋這些現象。所以一個頭痛，依照所找的醫生不同，有可能是心因性頭痛，有可能是因為腦血管阻塞，有可能是皮膚出狀況，每個人的解釋，都不會超出自己對這件事理解的範圍。我覺得公主不應該這麼多成見，所以決定定義公主人格為水元素。

占星對應

風中之土是水瓶座（風元素固定宮），風中之水傾向雙子座（風元素變動宮），如果是克勞利定義的風中之土，那對很

多事都會有既定的想法，而且不會輕易改變，除非你有很好的理由說服她。如果是風中之水，那就很自由自在了，雖然天份沒有風中之土那麼高（因為風元素跟土元素都代表理性跟知性），但吸收知識的範圍更大，更有廣闊性，我會定義為公主人格是水元素，也是我覺得年紀小，沒有那麼多既定的人格。

　　如果要以求知慾來說，兩個組合的指向不同。如果是風中之土，代表對於自己要什麼，已經有了定見，就像知道自己要念哪一個系所或學校，剩下的只是執行而已；但如果是風中之水，代表邊長大邊學，不會太早定下來，因為寶劍公主覺得有很多事是自己不知道的，就雙子座而言也是這樣，她覺得自己沒看過的事還有很多，所以太早決定意向，會損失很多可能性，也會失去很多探索的機會。

　　風中之水的靈活度很高，當她遇到疑難雜症，會自己去尋找新的理解方式，不一定要舊有的解決模式，水瓶座（風中之土）是發明家，但發明家必須累積很多傳承下來的知識，才能引爆新的認知角度，發明出新事物，但風中之水就擅長解釋生活中遇到的難題，所以水瓶座的發明是劃新時代，雙子座的發明則是生活萬事通，跟人的日常生活比較有關聯，因此水瓶的聰明像伽利略、哥白尼的地動說一樣，不容易被世人接受，因為跟人的常識不符合。而雙子座就是用新方法來做一切日常的

事情，讓生活更為方便，所以如果要世人評價，世人對雙子座的聰明度評價會高於水瓶座，這就是層次上的不同，水瓶座是第十一宮，已經超出物質範圍的第十宮，水瓶座的層次當然比較不易了解。

──────── 牌意解析────────

★ 總體分析 ★

寶劍公主適合當好學生、啟發他人的初等教育老師（這也相當符合雙子座的個性），或是助人破除迷思的職業，例如解說員或諮商師，負責提供正確的知識及資訊。如果同樣擔任解說員，相較於會帶著大家玩的魔杖公主，寶劍公主則是會生動地導覽解說。

她也適合寫說明書，當文案或記者，寫小說，因為在她的世界裡，所有人格都可以被創造，而且她擅長表達，用文字或音樂或表情都可以敘述她想傳達的事物。她適合當諮商師是因為不管什麼樣的人際問題，她都可以從新的角度觀察，別出心裁地想出解決方式。諮商師通常都能打破人的成見，找到一個新的切入點，從而解決問題。（所以寶劍公主比較像雙子座，如果是風中之土的水瓶座，會想出辦法，但會難以執行，因為水瓶座對人性很了解，但只是理論上，並不算生活在其中。）

★ 愛情分析 ★

愛情方面，寶劍公主並不是濃情蜜意的牌，而是處於探索與嘗試階段，懵懂無知的時期已經過去，正要踏入感情世界。如果是已經談過一些感情的人，代表此時正處於一段良好的關係之中，你也變得更聰明，擺脫烏雲後學會如何調整自己了。

如果之前是不好的牌，寶劍公主表示你看清問題在哪裡，並且即將擺脫問題，或者你更了解適合你的人是怎樣的，雖然感情豐富，但不容易被沖昏頭，會做出比以前更聰明的選擇。

如果是「問題」，就代表你面對愛情時太理性，不容易沉浸其中，也讓對方有時候覺得有點掃興。但如果確定下來，那兩人會相處得很愉快，就算之後要分手，也會理性面對，不會有太多的誤會跟怒火。更有可能的是，從這段關係發現自己的問題在哪裡，之後就可以避開不適合的對象跟狀況。

★ 事業分析 ★

寶劍公主如前文所說，適合當教師或解說員，就是指導他人怎麼面對眼前的問題，寶劍公主雖然面對自己有時候會迷惘（因為經驗不夠），但是看別人的問題很通透，因為人性也就那幾個模式（雙子座口吻）。雖然她本身經驗不夠，但旁觀很多人的經驗，所以看別人的事她腦筋很清楚，大概是別人的人

生沒有她那麼多要經歷的事情，所以雖然她經驗不足，但對別人來說已經夠精彩了。

如果問的是事業前途，那就不錯，這張牌代表你剛剛突破難關，正要鴻圖大展，表示所有的陰霾跟困惑都過去了，但未來也不是有現成的成就等你，只是你的空間變得更大，找到更有得發揮的場所。未來雖然尚未有基礎，但難關都已經移開了，你只要闊步走就可以了。

★ 財運分析 ★

這張牌代表你手上的錢不多，但很有賺錢的本事，或者握有專利或版權，可以不斷生財，雖然一次並不是很大筆，但會源源不絕。

寶劍公主靠頭腦賺錢，不會是體力活或不動產。我覺得除了做解說員之外，投資也是不錯的方向，因為這張牌頭腦非常清楚，只是需要經驗跟時間，大家的投資之路都是慢慢累積的，從小錢開始，一路慢慢滾上來也不錯。

四公主

聖杯公主
Princess of Cups

元素：水中之水

星座：雙魚座

─────── **圖面元素** ───────

牌圖充滿粉紫色，有濃郁的浪漫、幻想與夢幻感，抽中此牌代表著行事幾乎全依靠直覺和感情，難免顯得缺乏脈絡。水中之水的意象很明顯，全都是抽象不具體的事物，並且充滿了夢想與迷亂，而且充滿著在靈性世界中的粉紫色，要說她是水中之土，暫時看不到很有力的證據，反而這張牌充滿了水中之水的意境。

聖杯公主的背景本身就是深海，她毫無意志力地悠游其

中，活在幻想跟美好中，不需要接受外界的殘酷跟真實，她的波浪裙邊鑲滿許多水晶，水晶代表她跟現實世界還是有連結的。在海浪中，海豚完全屬於海洋，也就是海的意識，有了海豚，象徵聖杯公主跟物質世界有所關聯，加上水晶，聖杯公主是海與人的共同生命體。

聖杯公主的面目是相對模糊的，其實四個公主都是，表示她們還沒有長成真正的自我，正在吸收外界的一切，看看有哪些東西是可以組成自己的。聖杯公主手邊有蓮花，代表她心智的純真與無邪，所以才會對外界沒有抵抗力可言，也就是很容易受欺騙，但身邊的善緣會幫她化險為夷，所以她雖然是關在溫室養大的孩子，尚未見過世界的苦難，但她有天生的同理心，看到有人不幸福，會不知不覺地去幫助他們。

她手上有著一隻烏龜，在印度神話中，烏龜支撐著大象，大象支撐世界，等於我們的潛意識，才是物質世界的基石，夢想跟希望，才是重視金錢的世界中，真正真實的存在，所以我們要保有自己內心的柔軟，如果連柔軟也失去了，整個世界就沒有存在的必要了。

有一種說法是，在我們的世界要出現一個想法，另一個世界早就先出現過了，是指導靈把想法放進我們的意識中，進而行動，製造出這樣的事實跟具體的物件，所以潛意識是整個世

界的原型。所以我們最容易忽視的，是像聖杯公主這樣的人，她太夢幻了，太不真實了，以至於我們不覺得她會對我們產生任何影響，但她的影響就在最源頭的地方，也就是從我們有了這個念頭開始。

這是一張柔弱無比的牌，但物極必反，如果要壓榨她到底，她也會展現罕見的勇氣跟力量，這都是她所幫助過的人給她的，所以雖然她看起來手無縛雞之力，但必要的力量會在她需要時展現出來。

────── **占星對應** ──────

聖杯公主是水中之水的雙魚座女孩子，不了解社會的樣貌，也不懂得設限，甚至可以說是不食人間煙火，很有可能淪落到被欺騙或被利用的境地，因而惹上麻煩。如果水中之水充滿夢想與動力，會有很棒的意涵，只是這裡缺少火元素，導致聖杯公主容易陷入幻想，一心一意等待他人救贖，最後反而受騙。不過水中之水也代表尚未定型，聖杯公主本身相當純良，可塑性極高，但必須有所經歷才會成長，因此從另一個角度而言，聖杯公主只是還沒找到自己的道路而已。

雙魚座是最後一個宮位，也就是第十二宮，它匯集了前面十一宮的優缺點，所以不管她需要用哪個面目示人，她都可以

創造得出來，她有化身的能力，因為她知道每一宮需要的特質跟特徵，所以她如果拿出決心，是可以跟她的對宮處女座一樣精打細算的。但她很少下這種決心，因為她是人之初性本善的支持者，所以不相信有人會壞到必須要她這樣對付。如果為了保護身邊的人，她會把所有可以用的武器拿出來，但她不會為了自己自保。有一個黑奴時期的說法，白人以為他們太笨了，什麼也學不好，所以把所有的知識都面對他們眼前講出來，結果一堆黑人學到了很多知識，這就是我們對雙魚女犯的錯誤，都以為她聽不懂，所以毫無忌憚地談論，以致於她們懂了很多事。講到後來聖杯公主又有水中之土的力量了，這就是克勞利在她們身上看到的潛力吧！

────────── 牌意解析──────────

★ 總體分析 ★

聖杯公主對大部份她不需要親手處理的事，都有著一種困惑，不知道自己該怎麼插手才好，所以她大部份是隨波逐流，非要等到事態嚴重，她才願意出面處理，但結局通常是：「再給她一次機會！」所以說，通往地獄的路，往往是由好人的善意鋪成的，她覺得只是多給你一次機會，卻忘了你會利用機會做出多少不可挽回的事。所以我常常說，這種人自己很善良，

壞人都要由身邊的人承擔，為了保護她不得不當壞人。這是我個人的意見：假善良，真狡猾。「修女般的善良」這也是聖杯公主不可或缺的保護色。雖然她也不是故意的，但她不願意保護自己，身邊的人就會為了保護她，做出很多制止別人、有時會傷害到別人的事。所以聖杯公主的善良只存在她自己身上，她身邊的人為了保護她，會做出更多不可理喻的事。

★ 愛情分析 ★

聖杯公主代表一段跌跌撞撞的戀愛，通常自己也搞不太清楚狀況，喜歡沉浸在自己的感覺裡面，容易被騙，卻也會欺瞞別人。有些人會宣稱很愛很愛對方，但是她們的眼淚很有可能是為了自己所流的，被自己付出的心所感動。聖杯公主出現在感情「建議」的話，表示要放低戒心，不要保留太多，可以先付出之後再觀察狀況。

聖杯公主常是被騙的小三，但她是真的無辜，所以也不能把罪怪到她頭上（這有道理，凡事遇到這種事，我覺得罪魁禍首都是男人）。最無辜的人，如果願意覺醒，就可以全身而退，如果仗著不知者不罪，硬要牽扯下去，就全部的人都會被捲入旋渦。我覺得最好的方法是切割，聲稱不知道，把事情撇得乾乾淨淨，以求自保，但這一般都會是土元素女子的戰略，

越聰明的人，可以降低最多傷害，而水元素並不是聰明的人，她偶爾聰明，那就是指導靈讓她突然靈光一閃，這種事不常發生的。

★ 事業分析 ★

聖杯公主適合從事的工作中包含藝術家，只是沒有實際的創作動力，只能幻想而已，就算有能力寫出言情小說，前提是必須要寫得完，這是她需要磨練耐性的地方；不需要特殊技術專長的基層工作也很適合聖杯公主。修行對聖杯公主而言是不錯的選擇，但要慎選修行的類型，否則很容易被欺騙。

她適合的職業是聽人訴說苦惱，她自己會有很強的共感性，讓對方也覺得有人了解我，自己的傷痛就可以得到釋放了。再高階一點是藝術家，因為透過藝術或文學，很多人可以得到治癒，又不用接收別人的氣場。如果不行，就真的去當治療師，優點是可以做得很好，缺點是職業傷害，別人的氣場都會影響到你。

再低一點的治療師，也就是風月場所陪酒陪笑的人，不要小看她們，這是給予男人最好的治療，包容他們的一切，讓他們從一蹶不振中站起來，給他們一點點愛情的錯覺，就天塌下來也難不倒他們。

★ 財運分析 ★

　　聖杯公主需要的錢不多，但當她偶爾需要用到錢，又是把錢往海裡丟，我們都看不到錢花在哪裡，就像是捐錢給廟宇、給窮苦人家，或是看上一件可以安慰她心靈的東西，錢花下去了，你卻看不到好處在哪裡，所以她很富有，你卻看不到錢在哪裡，對她而言，這些財富都是無形的。

　　聖杯公主的家產不像圓盤公主那麼讓人無憂無慮，但跟圓盤公主比起來，別人會以為聖杯公主才是出身豪門，因為聖杯公主對錢更沒概念，更不知道算計，更花錢不知輕重。平常要多提供正確的捐款資訊給聖杯公主，免得她有錢沒地方花，自己亂捐，因為有高度可能性是捐給詐騙集團……

四公主

圓盤公主
Princess of Disks

元素：土中之水

星座：處女座

──────── **圖面元素** ────────

　　圓盤牌看起來皆比較老成穩重。圓盤公主拿著易經太極的盾牌，代表陰陽調和生萬物、有所滋生之意，兩者合一將帶來新生。右手的手杖尖端有一顆寶石，方向朝下象徵潛力無窮，看好未來。後方的樹林皆是光禿禿的枝椏，但是地表下有綠色，顯示出其生命力，待春天降臨就會往上蔓生新芽。這張牌代表目前處在潛伏期，表面上看起來什麼都沒有，但已經有一些新的東西在醞釀了，等候適當的時機就會開花結果。

長矛尖銳又是棍狀物，是陽性火元素，刺入陰性的大地之母，變成寶石，寶石是土元素，代表陰陽結合出「物質」，也就是「結晶」。寶石發出的黃色光芒，也帶有創造的涵義（黃色代表物質的、社會交際的創造，也是工作上的創意），跟圓盤公主懷孕的意味完全符合，土元素是陰性之中偏陽性的元素，這張牌是土中之水，完全陰性的牌，但帶有這麼多陽性意味，所以這張牌帶有「陰陽交合出現的生產性」，所以一切都有可能，只是目前時機還不到，所以是一張潛力十足的牌。

我有過很有趣的例子，那時剛學塔羅牌，就用了托特牌，大家都說艱深難用，但我是初學者，對我來說偉特牌也很難，我想既然都難，那也沒差；那時一個女性朋友看我在學塔羅牌，說可以幫她算一下嗎？我答應了，她說她身體有問題，但不知道問題出在哪裡？我第一張抽到「慾」，我說：「妳明明知道有些事不能做，但為了享受妳還是做了，所以有後遺症。」（那時我覺得她應該是熬夜什麼的，忘了慾的牌圖中有子宮）她臉色微微變，說：「對，那妳可以算仔細一點嗎？」我第二張抽到圓盤公主，因為直觀就是一個懷孕的女人，就大叫：「妳懷孕了?!」她才為難地說：「對，好幾天沒來了。」雖然隔天驗孕沒有驗出來，但過一陣子她就真的懷孕了。圓盤公主只是蓄勢待發，還沒真的發生。所以出現圓盤公主，我都

會說是萬事俱備，只欠東風，時間到了一切就會成形了。

雖然圓盤公主只是成果快來了，還沒真正發生，但以元素的定義來看，土是什麼都具備了，水是留有轉變的餘地（如果依克勞利原義的土中之土，表示什麼都準備好了，只是還在等待），因為人格是水，就算有了變化，當事人還是可以快速調整自己，達到真正想要的結果，所以圓盤公主的彈性很大，這就是我把公主人格從土改為水的原因，是因為公主的年紀是小的，如果定義是土，雖然生產力也強，就太定型了，跟她的年紀不太合，也會讓這張牌被定義成生產工具，還是保留一點長大過程的可能性比較符合人性。

土跟水都是被動元素，所以只能跟著環境做反應，沒有主動的意味，但陰性元素也代表可以承接一切，所以像是坐享其成，沒有努力的意味，圓盤公主只是把該做的事做好，該準備的準備好，然後等著一切發生。

────── **占星對應** ──────

圓盤公主處於懷孕狀態，相較於圓盤皇后來說，公主頭上的角比較短，而土中之水懷有「醞釀」的意思（克勞利原義的土中之土也會蘊釀，只是時間更慢），表示許多東西已然成形，只是尚未發育成熟。就像嬰兒還在子宮裡，成熟之後就會

出生。

　　如果依我的分類，她會是處女座（土中之水），依克勞利的分類，她應該是金牛座（土中之土）。若依我的分類，她就是什麼事情都準備好，因為天性本來就喜歡一切就序，但少了一點目標性，只專注在她掌握的細節，忘記大局；如果依克勞利的分類，土中之土是純粹享樂，很安逸，但我覺得不管是哪個，都表示圓盤公主不算有野心，她不會自己冒險犯難，所以會在正規的公家機關或私人企業中當主管，是等著時間到，慢慢升官，都是累積起來的，不是爆發性的。

───── 牌意解析─────

★ 總體分析 ★

　　圓盤公主的道德觀很強，但因為是土中之水，公主年紀又小，所以道德觀隨著年齡增長，還是會出現變化，但基本的道德意識已經有了，問題就是對她來說什麼是道德，什麼是不道德，是「滾動式的道德標準」（笑）。我覺得克勞利把公主定為土，應該是土是大地之母的意味，這樣就可以培育出很多成果，但我覺得現代的土元素，比較有成熟的意涵，比較難聯想到需要成長。圓盤公主雖然比較受侷限，還是有她的發展性。

★ 愛情分析 ★

圓盤公主的戀愛是處於曖昧期或培養感情的階段，也許互相喜歡但還不太熟悉，還需要一些時間才能修成正果；或是代表一段低調的戀情，例如看起來只是同事的兩人，其實已經交往許久；也有可能是你長期暗戀同一個人，但如果常常更換暗戀對象卻沒有實際做出行動，那就是聖杯王子或聖杯公主了。

土中之水面對愛情比較不主動，但可能很有才華或氣質不錯，所以吸引到程度不錯的人，有時來追她的，比她自己喜歡上的人客觀條件更好。

她也容易跟可以提升自己程度的人、可以帶自己看到新世界的人交往，因為圓盤公主的組成元素很被動，所以需要他人帶領或給機會，反過來說，她也可以提升別人，只是方向不一樣。所以圓盤公主如果要換對象，就是兩人的價值觀已經極度不合了，如果還有一點可能性，圓盤公主比較希望共同成長，不太會拋棄對方。

★ 事業分析 ★

工作方面，圓盤公主可能正在苦學累積經驗，工作所得的薪水都用在培養一己之長，等到時機成熟時就會脫胎換骨。圓盤公主比較像在機構中求發展，不太像創業者，頂多是個人從

業者、專業人士，像作家，新作正式問世之前，必須不斷細修改良，發表之後才能讓大家見到其價值；也像醫生、律師，對自己的工作成果，都必須有保證性，但如果是專業人士，一定有更高的可能性，像醫生可以選擇到有更高名望的醫院，或自己創立診所；會計師可以考精算師，就算身處高位，圓盤公主永遠有更好的下一步，但因為是土元素，所以還是會待在原來的圈子。

　　一般來說，圓盤公主是很安分的，如果這個環境讓她習慣又舒服，薪水沒有高幾倍以上，她就不會想要追求更好的可能性，因為誰知道會不會有其它不好或不適應的地方？所以只加一點點薪是不會讓她萌生跳槽之意的，但如果她在原工作有不好的同事，只要營造出工作環境很自在，就算薪水差不多，她也會願意換工作。圓盤公主是追求舒適比追求錢多的人，因為她的錢不管多不多，她都已經夠用了，她對工作的追求，比較像退休的人，工作只是要交朋友（笑）。

★ 財運分析 ★

　　其實圓盤公主不太缺錢，但缺乏野心，所以她通常隨遇而安，不過也很盡責，身在什麼位置，就會把該做的事做好，她的錢通常來自於別人，例如：父母和老闆對她的賞識，所以

會主動保護好她，就像如果員工對我們很有貢獻，我們會出高薪，以防她離職。

　　但如果願意跟她一起成長，看著她的每一面慢慢成熟，就會知道她做的每一件事是為什麼，就算大家不認同，你還是願意再給一段時間，看看她的發展，雖然通常結果不會讓你很驚豔，但會覺得是最有長期存在的必要。

Chapter 6

小祕儀：數字牌

數字牌的星座分配很容易理解，雖然當初沒有資料參
考，但因為我有研究占星，所以能夠很清楚看出2、3、
4號牌是該元素基本宮，5、6、7號牌是固定宮，8、9、
10號牌是變動宮，但行星尊貴法則是火日金水月土
木，權杖二到權杖四是火日金沒錯，但權杖五就變成
土星，我大惑不解，後來也上過我的占星課的學生才
嘗試說：「有沒有可能不是依照牌序號順序排下去的，
而是依照星座順序呢？」金牛座在圓盤牌，圓盤五是

水星，剛好是行星尊貴法則（迦勒底次序），接著是月亮在金牛座，然後是土星在金牛座，再接下去是雙子座，寶劍 8、9、10 果然是木星在雙子，火星在雙子，然後太陽在雙子。

所以教學相長，真的很感謝我的學生葉子毓，他們不僅單方面接受資訊，也消化後反饋我，我也獲益良多。

		魔杖		寶劍		聖杯		圓盤	
	ACE	火		風		火		土	
基本	2	火星	牡羊	月亮	天秤	金星	巨蟹	木星	摩羯
	3	太陽		土星		水星		火星	
	4	金星		木星		月亮		太陽	
固定	5	土星	獅子	金星	水瓶	火星	天蠍	水星	金牛
	6	木星		水星		太陽		月亮	
	7	火星		月亮		金星		土星	
變動	8	水星	射手	木星	雙子	土星	雙魚	太陽	處女
	9	月亮		火星		木星		金星	
	10	土星		太陽		火星		水星	

數字 1

　　1 代表全新的開始，是一個沒有雜質、完整且純粹的數字。因此四張 1 對應之元素是最純粹的，聖杯 1 是純粹的水元素；圓盤 1 是純粹的土元素，以此類推。元素意義即牌義。數字 1 還有「集中、專注、起步」的作用，必須強化元素中的此類意涵。

　　托特牌生命之樹（卡巴拉的符號）的概念，大量運用在風、水、土三元素所對應的寶劍 10、聖杯 10 及圓盤 10 三張牌，但火元素的生命之樹卻分配在魔杖 1 而非魔杖 10。這其實暗藏了許多哲理。火元素最完整的時候，是初始而不是最終，陽性元素（火、風）是耗散結構，像大火、颱風都是一開始勁道最強，隨著時間經過慢慢消失。「耗散」指的是一旦停止下來，便將不復存在；強風、烈焰停止之後就不再是風，

不再是火了。但是靜態元素（土、水）即使停止下來也還是存在，這兩種元素可以累積保存，因此數字越大，結構越完整。

既然火、風這兩種陽性元素，其數字越大，代表時間過得越久、越渙散，那為什麼是寶劍 10 運用生命之樹，而非寶劍 1 呢？因為風本身就是虛無、渙散的，寶劍 10 牌名「毀滅」，相當符合其本質。但火象徵行動力，實質且具體，到了 10 已經燃燒殆盡，處於苟延殘喘的狀態，早已沒有 1 的時候那般雄心壯志。因此托特牌在魔杖 1 運用生命之樹，以代表火元素本質最完美的狀態。

數字 1

魔杖 1
Ace of Wands

──────── **圖像與色彩** ────────

　　魔杖 1 排列成生命之樹的形貌，呈現出完整的生命輪廓，火從魔杖內部竄出，象徵新生的力量、行動和衝勁；即便火焰朝不同方向而去，但火把只有一個，這代表了魔杖 1 的核心是專注。

　　魔杖後面的綠色閃電，以強烈的對比色衝擊紅色火炬，綠色代表植物性的力量──新生、靈感及無窮的創造力；紅色則是動物本能的生命力，兩者融合展現出準備在新世界開疆闢土

的企圖和野心。這股能量可能蓄積了很久，因此展露之時聲勢浩大，然而火元素不像陰性元素（水、土）有累積的特質，燃燒掉既有的能源後就會熄滅，續航力並不長。因此如果沒有速戰速決，最後的結果可能是雷聲大雨點小。

────── 占星意涵 ──────

　　數字 1 就像嬰兒一樣，有什麼要求都用哭、踢、摔東西這類本能反應來表現，能量最為充足，但也最容易犯錯，畢竟是未經思考的行為。魔杖 1 是各種本質都還沒有琢磨過的時候，火力強大，但不知道該往哪裡發展，所以到處引爆火花，但未必會一路行至最後。如同有些創業家會在公司上軌道之後，將公司賣出，自己再去創造新的事業。

　　1 的專注力雖強，但僅能維持一段時間。魔杖 1 的熱情是人來瘋，會讓人留下深刻的第一印象，但是一起向前衝之後，最後往往不見其身影。不過魔杖 1 的火力強大到足以改變各種可能性，如果是運動選手，魔杖 1 應該是短跑悍將，爆發力十足；若於公司任職，則是負責開拓市場的業務，這種人的行動力很高，不會考慮對或錯，先做了再說。即使成果不完美、粗糙或漏洞百出，但魔杖 1 可以帶起所有人的士氣，激發大家投入一件事情。在職場上，這股衝勁可以打開一切可能性，是擔

任前鋒的最佳人選。

　　魔杖 1 在戀情表現上會非常地熱情，很有可能是一見鍾情，只需要一眼就會發起猛烈攻勢。不過火能量討厭重複、喜新厭舊，所以追逐一陣子或是兩人在一起之後，就不會再維持最初的熱度。對火元素而言，越追求就感到越真實，代表他開始思考了。而人對沒有多加思考、琢磨過的東西，熱情通常比較旺盛。

　　感情遇到魔杖 1，成為穩定伴侶的可能性較小，卻很能代表閃婚（若搭配愚人牌，則閃婚之後可能會離婚，因為愚人更不顧一切、更衝動，甚至沒有一絲理性存在）。這段感情的時間雖不長久，但是過程很精采，當下完全燃燒以致於決定要一起生活，即使之後離婚了也還是會覺得這是一段美好的回憶。

　　火元素通常速戰速決，因此若發現不合適，還有機會協議離婚。但若是魔杖 1 加上惡魔就要小心了，可能會在原地停滯，無法離婚；加上審判可能是跟明星偶像有一段耐人尋味的地下情。

數字 1

寶劍 1
Ace of Swords

星座：風元素

━━━━━━━ **釋義** ━━━━━━━

極致的風元素就是極致的智慧，沒有其它東西分散他的心力，就表示他是極度集中，所以他可以看到很遠的未來，而且不會出錯，是帶有預言家能力的一張牌。

━━━━━━━ **圖像與色彩** ━━━━━━━

寶劍 1 的牌面中，寶劍穿透周遭迷霧，劍尖發出光芒，表示意識穿透渾沌，從一片混亂中理出了頭緒。牌圖的主色調

是黃色和藍色，藍色是高境界的智慧，黃色是世俗界的聰明，兩者綜合起來就像是睿智的先知，在所有人都還渾渾噩噩的時候，寶劍 1 已經清明地察覺到問題點了。

———— **占星意涵** ————

代表心智的風元素牌大多是壞牌，奧修不喜歡用腦，因為思考使事情複雜化，讓人與人之間出現分別心，發生混亂之後，背叛與謊言隨之而來。因此神祕學一旦提到風元素，大多不是好事情。在奇蹟課程裡面，頭腦代表小我，有了小我，就有了與他人的分別心。當你是你、我是我，就會開始有對立衝突、掠奪別人以保全自己。

但寶劍 1 卻是一張非常好的牌，因為數字 1 代表尚未分裂，是宇宙間的第一股意識，用不帶任何批判的眼光，將一切看得清清楚楚，如同嬰兒出生後張開眼睛所看到的世界，萬物以最純粹的樣貌進到嬰兒眼中，後來加上自己的喜好將事物貼上標籤，一切就會變得混亂。

此牌的解讀方式，就是純粹的風元素加上數字 1 的專注，既聰明又犀利，可能還沒有仔細運算就已經知道答案是什麼了。女祭司是一張極端聰明的牌，但她不會告訴你運算的過程，而寶劍 1 分析事情的速度更勝女祭司，還能夠有條理地釐

清來龍去脈。寶劍 1 是知識的創始者，且擁有像魔杖 1 那種動物本能的直覺，還加上了清醒的意識，是四張 1 號牌裡眼光最長遠的，在別人眼中就如同劉伯溫、諸葛亮那般，好似能未卜先知。

寶劍 1 擁有天才的智慧，就像愛因斯坦發明相對論、凱因斯開啟總體經濟學，一般人努力也無法企及。但因為寶劍 1 少了像水、火元素那種一頭栽進去的能量，他們未必能將腦中的想法落實，因此適合擔任軍師而非創業，例如股票分析師、經濟學家或預測未來趨勢的顧問，能夠發揮自己的專業才智，創造新的商業模式或學派之工作類型。

寶劍 1 總是能將一切看得很清楚，但清明的洞察力並不一定適合用在談戀愛。寶劍 1 不像魔杖 1 熱烈奔放，到處點火，放完火就跑得不見蹤影。寶劍 1 會冷靜思考，例如「這個人很漂亮，但個性不適合我；那個人很聰明，但是生涯規畫不適合我。」將交往後的利弊得失分析得有條有理，雖然少了點激情，但不會有誤會或衝動。在實際占卜上，若問對象出現寶劍 1，通常不是代表靈魂伴侶，而是「跟他在一起未來會最安穩」，雙方各取所需，適合步入婚姻。

數字 1

聖杯 1
Ace of Cups

星座：水元素

——— **釋義** ———

因為水元素，就是一，就沒有任何的雜質，代表最純然的愛，比較是親子之間的情感，才能純淨到這種地步，一點私心都沒有，也就是大愛。

——— **圖像與色彩** ———

水是非常強大的陰性元素，藍色的杯子裝滿了水，折射出蜘蛛網狀的七彩之光，乍看之下雖然絢爛炫目，但皆由白色

——水元素的代表色——幻化而出。白色是相當有靈性的顏色，擁有孕育萬物的力量，同時也象徵萬物一體，有「母體」的感覺。

　　蜘蛛網在神祕學裡有陰性力量及多產的意思，圖面下方的波浪則代表它的影響力，雖然聖杯1不是力量很明顯，但卻可以在私下感染他人。七彩的光圈最外圍是紅色，代表聖杯1洋溢的熱情能感染他人，不過相較於魔杖1蔓延飛快的熊熊大火，聖杯1的感染力比較強、範圍大且時間久。聖杯1的主張一開始可能會被視為無稽之談，眾人都笑他傻傻的，但久而久之都會被聖杯1同化。背景的黑色則是無窮力量的證明，也代表有些東西還沒有被看到。

占星意涵

　　水元素隨和但充滿了創造力，具備各種可能性與新的情感，可以流到他人身上，感染別人，有澤披蒼生的意涵。證嚴法師做了許多善事，感動了不少人加入他的行列，這就是聖杯1的代表——純粹的愛。這跟水元素本性被動的特質不太一樣，是因為加了數字1而有了主動性。

　　聖杯1是一張自得其樂的牌，感覺自己擁有了全宇宙，生命中已經沒有什麼缺憾，還會將這份喜悅分享給別人。聖杯1

對待工作也是如此，只要是自身覺得有意義的事情，就會沉浸其中，哪怕是最微不足道的服務、清潔工作，都會當成自己的使命，認真用心地付出。聖杯 1 追求的不是金錢，而是「一體感」，工作是生活的一部分，也是對外溝通的一切，兩者不可分割。藝術家、慈善家最符合這些特質；流浪動物義工、創作者、社工等都是聖杯 1 的代表行業。職場上聖杯 1 是不計較的同事，大家都可以從他身上獲益良多，一般而言，聖杯 1 被認為樂於助人。

偉特牌對聖杯 1 的解釋是毫無雜質、最純粹的愛，所以有的人會解釋成掏心掏肺、無悔付出，因而可能在感情中被欺騙、任由他人吃軟飯。但我覺得這不是愛，而是慾望。如果你非要抓住一個人不可的話，就有可能陷入這樣的狀況。托特的聖杯 1 跟偉特的聖杯 1 不同，最大的差異點在於托特聖杯 1 強調：你要先充實自己、愛自己，這份情感才會洋溢感染他人。

聖杯 1 是很愛惜自己的人，知道唯有讓自己過得好，才有餘力讓身邊的人一起好的道理，所以他懂得保護自己，不會讓不好的事情發生。在感情上只要感到一點點不對勁，就不會將對方列入考慮。在托特牌中，會被欺騙的反而是聖杯公主。

從另一個角度來說，聖杯 1 的愛是大愛、無私的，比較難發展為戀人，更像是親子之間的感情。因此問感情時抽到聖杯

1，不見得是普遍定義中的戀情，反而是內心出現一個能依靠跟寄託的對象，有可能是出現新的興趣或撿到小貓小狗，接下來會付出全然的愛。

數字 1

圓盤 1
Ace of Disks

星座：土元素

———— **釋義** ————

不管地球上生物再如何多樣化，都帶有地球生命的本質，每一個生命都有它自己存在的本質，不會因為他給人的觀感而有影響或改變。土元素就是生命本來的樣子，是任何東西在自然界生存的本質。就像我們是人，但本質也就是意識跟肉體。

———— **圖像與色彩** ————

圓盤 1 是土元素，是四元素裡面最完整的，醞釀最久的一

個。一般而言，土元素給人的印象是穩固、硬梆梆，推都推不動，但托特牌的圓盤 1 充滿代表植物的綠色，強調其強韌之生命力，將會不斷地孕育新生命，跟我們印象中土元素原地不動的印象不一樣。

圓盤圖面很像蟬跟樹木的年輪，蟬的幼蟲可以在土裡蟄伏十幾年，等待時機破土而出；一圈又一圈的年輪則是樹木屹立多年的證明。松果是生命力強，可快速繁殖的植物；中央的錢幣代表母錢，是財務（正財）的源頭。色彩上，中間的褐色象徵穩紮穩打的基礎性，外圍的綠色有生生不息的意思。

因此雖然是數字 1，但這裡的 1 表示已經蓄積、醞釀良久，一旦冒出頭就可以存在很長的時間，如同一隻金雞母，放得越久，可以積蓄越多財富。土元素代表看得見的物質，長出來的將會是別人看得見或可以量化的明顯成果。

——— 占星意涵 ———

圓盤 1 通常不是指某一個工作，而是一項事業，例如店面收租、一筆本錢要開始利滾利，或是一張證照，代表穩定且他人無法奪走的長期收益。抽到圓盤 1 代表在此之前，已經有根深蒂固的基礎，可以憑此一勞永逸，例如創建公司之後要努力很久，但是一旦步入軌道、穩定之後就可以享受成果。其它元

素的 1 都得經歷從無到有的過程，一旦開始了就會越忙越累，圓盤 1 卻是可以讓這個 1 成為複利的資本。

在愛情上，可能是剛剛在一起，但是之前已經當朋友好幾年了，或者是愛情長跑之後決定結婚，彼此的責任感、穩定度都很足夠，未來有所保障。如果詢問下一個交往對象時抽到此牌，代表對象會是你已經認識的朋友，前面累積的默契緩緩成形，最後凝聚出結果。

數字 2

　　2 這個數字就代表二元化，一旦二元化就會形成對立，對立的話就必須從中選擇一個。但所有元素都有其選擇的方法，通常陽性元素會從中擇一，陰性元素會試圖整合兩面。最能果斷選擇的當然是火元素，火元素一次只能做一件事情，所以一定會捨棄其中一邊；風元素就會兩邊都放不了手，但兩邊又都無法徹底去實踐。

　　譬如在當學生時，最重要的兩件事就是「念書」和「玩樂」，當這兩個選擇同時出現時，火元素的魔杖 2 一定會做出選擇，而且非常期待要趕快做出選擇──要不就是玩樂三年，要不就是念書三年，無法切換自如，只能定下一個目標往前衝，專心致志到無法顧及其他。風元素會玩樂時想著書還沒有念怎麼辦？念書時心心念念著要去哪玩？面對選擇時猶豫

不決、退縮逃避，能不表明立場就不要表明立場，即便做出決定，也沒有徹底執行的魄力，給人牆頭草兩邊倒的感覺。

水元素會念書念到及格就好，玩也有玩到就好，會試圖平衡兩邊，但兩邊也都做得不徹底，能敷衍了事就敷衍了事；土元素會處理得最好，該念書時就念書，該玩樂時就玩樂，最後還可能將兩者融合，玩出一番事業。

數字 2

魔杖 2
Dominion

牌名：主權

星座：火星在牡羊座

────── **牌名釋義** ──────

　　名稱是「主權」，象徵所有的決定權都在這張牌上面，不管要做或不做，或把力量集中在哪個選項，都是經由自己審慎思考後所下的決定。陽性的火元素碰到選擇時，一定要做出一個決定來，然後把所有的精力都集中到選擇的那個方向──沒有一半一半這回事，要做就全做，要放就全放！

─────── **圖像與色彩** ───────

　　牌面中，兩支紅色的西藏法器交疊，組合成一個「X」，法器聚集強大的能量，而分別指向兩個地方，凸顯的主題非常清楚，就是「取捨」。必須集中火力往一邊，否則力道一分散，火勢很快就會被撲滅。出現魔杖2，代表選擇的時刻到來，不是「要」就是「不要」，沒有商量的餘地，猶豫不決最後的結果就是兩者皆失。

─────── **占星意涵・火星在牡羊座** ───────

　　火星本來就是牡羊座的守護星，落在這個位置代表衝勁非常強大、且自我意識很強，想怎麼做就怎麼做，旁人別想阻攔，因為氣勢都壓不過他，只要不要被他反過來壓制住，就已經很了不起了。這種氣拔山兮力蓋世的氣魄，適合做老闆或業務，因為在面對抉擇時能乾脆俐落，除去不必要的資源浪費，而且生存的意志堅強，無論碰到什麼阻礙都會想方設法過關斬將，關關難過關關過。

　　我覺得魔杖2比魔杖1更有決心，因為魔杖1根本沒有另一個選擇（就算有，他也看不到），只是聽從本能，不會經歷取捨間的掙扎。而魔杖2則是當兩個好的選擇出現在眼前的時候，心裡非常清楚地知道必須捨棄掉一個，才能全心投入另一

個，所以決心比魔杖 1 還要堅定。

在工作上，魔杖 2 會為了自己的目標往前衝，但沒有顧慮到別人的感受，甚至不在乎身邊人的感受，充分發揮火星牡羊的自我本色。優點就是專注認真且心無旁鶩，執行力一流；缺點就是無法同時處理多件事，變通能力不強，腦袋走直線，其他人也無法跟他溝通。或許他會捨棄掉自己的生活，變成一個工作狂；或者完全放棄工作，鑽研自己的興趣，他不可能擁有雙重身分，選定一個身分之後，就會傾注 120％的精神。

魔杖 2 在感情方面態度也非常乾脆，要就要，不要就不要。一旦要的話就會很投入，可是給人的壓力也會很大。魔杖 1 是因為沒有選擇、沒有失去，所以比較沒有壓迫感，但魔杖 2 是放掉其它選擇，所以會在乎投資報酬率，無形中帶來壓迫感。既然魔杖 2 的任務是「取捨」，就代表身邊桃花很多能供他選擇，畢竟火延燒的速度很快，總是會有新的目標。

「建議」位置出現魔杖 2，就代表該做決定時就要做決定，不能想著兩邊都要討好，一定要割捨掉其中一個可能性。

寶劍 2
Peace

牌名：和平

星座：月亮在天秤座

———— 牌名釋義 ————

　　劍 2 的牌名雖然是「和平」，但其實只是表面的和平，有點類似恐怖平衡。兩把劍雖然看起來達到平衡，但是都穿過中間的花心，代表不是內心真正想要的狀態。而上下各有一把小劍頂著占星符號，有點受挾持的感覺。因為天秤座代表人與人關係的信任，月亮代表陰暗與沒有安全感，兩種不同的價值觀強碰，放在感情上會是這樣的狀況——我怕我只愛你一個遲早會被你傷害，所以要另找一個來分散注意力，然後就外遇了。

────── 圖像與色彩 ──────

　　牌面上背景顏色是平和的綠色黃色，但象徵思考的兩把劍是灰色的，代表腦袋的負面思想擋在前面，沒有辦法把和平的顏色發揮出來。背後白色圖案雖然是完整、對稱的狀態，但畢竟是由線條組成的，隨時都會崩垮。整張牌並沒有紅色和橘色，顯示企圖心和動力並不強，只想維持一個表面的形象，既然沒有目標，就更不知道該怎麼選擇了。

　　魔杖 2 牌面是法器，所以兩個選擇都不錯，但寶劍 2 的兩把寶劍就是兩害相權取其輕，因為兩個都沒有很滿意，所以通常是做不出抉擇的，只想要事情維持在原有的狀態。這就要看每個人的個性，有些人會覺得不用事事黑白分明，留點模糊地帶才好辦事，但有些人很受不了懸在中間不上不下，這張寶劍 2 就是不上不下的狀態。常見的案例是「不然就是結婚，不然就是分手」，但是當事人內心出現「現在這樣不是很好嗎」的寶劍 2。或者是同時有兩個曖昧對象，但是「我兩個都喜歡怎麼辦」，沒有辦法狠下心來割捨其中一邊，不過兩邊關係都維持的話，兩邊的關係連結也都不強烈，所以金庸才會說「兩個都喜歡，就是一個都不喜歡。」如果無關第三者，寶劍 2 就是不知道要如何給你承諾，沒辦法決定這段感情要怎麼走下去，

也提不出一個改善方式的停滯狀態。

———— **占星意涵·月亮在天秤座** ————

相較於魔杖 2 知道自己要什麼後立下決斷，寶劍 2 逃避性質較強，做不出決定來。在占星意涵裡，天秤是風象基本宮，內心想法在兩個極端間拉扯，不想得罪對方，卻又想要做好人，所以表裡不一；而月亮主掌情緒和感受，不斷在自我與他人間糾結，原地拉扯，反應在工作上就挺討厭的，因為總是優柔寡斷，根本搞不清楚自己要什麼，所以什麼事情就都做一點點，再觀望別人怎麼做。若你搶著做了，寶劍 2 就會說你搶了他的位置，你不做，寶劍 2 又會說都沒有人要幫他。

寶劍 2 是最喜歡保持現況、息事寧人的牌，既不想要前進也不想做出決定，時常用裝傻來顧全大局，凡事以輕鬆為目標。好處是沒有攻擊性，頂多拖累別人，不會去害別人。

但建議位置出現寶劍 2，就是稍安勿躁，不要急著做決定，再觀察一陣子看看，很可能現在眼前的選項都不好，所以不動聲色、自我保護也許是最佳解，因為人本來有時候就是必須自我保護的。

數字 2

聖杯 2
Love

牌名：戀愛

星座：金星在巨蟹座

────── **牌名釋義** ──────

　　因為他的牌名是「love」，所以也有人說他是「小戀人牌」。其它托特書上把聖杯 2 寫得情深義重，但是我覺得他象徵的愛不是濃情蜜意的戀愛，只是一種平和的交流，比較像是朋友之間的愛，互相之間的欣賞和好感。戀愛必須要很激烈，能激發強烈的情緒，甚至必須靠摩擦跟衝突產生交融，但聖杯 2 沒有對立的情況產生，只有互相配合與遷就，感覺比較像相親介紹而成的情侶，既然目的一樣，就互相修正對方，來組合

出新的可能性。

—————— **圖像與色彩** ——————

　　背景的藍紫色給人寧靜的感覺，代表靈性的互通，下方背景的黃綠色也帶來平和的氛圍，相較於劍 2 背景的雜亂恐怖，杯 2 的外在環境是友善和諧的。陽性元素（火、風）的 2 都帶有「競爭」之意，陰性元素（水、土）的 2 目的則是「融合」，所以畫面中兩個聖杯之間的水不斷循環、交流，溝通管道通暢，且不會逼迫對方。

—————— **占星意涵・金星在巨蟹** ——————

　　金星象徵好感，而巨蟹的守護範圍很小，現下你們的眼中只有對方，看不到其他人，但能否跨出這個小小的範圍，迎向外界的挑戰就是未知數了，「沒有經歷考驗的感情很好維持」，當現實環境沒有什麼威脅，不用考慮對方薪水、壞習慣、價值觀的話，雙方的感情當然可以很好，但也就是淡淡的愛，沒有共患難的深度。要看是否能一起面對挑戰，還要視其它搭配的牌而定。

　　水元素擅長的是感情交流，而不是工作，所以聖杯 2 若指的是合作對象，他可能專業度不算夠，處理事情馬馬虎虎，過

得去就好，但人卻很好相處；也可能是與公司的同事感情很好，但是賺的錢不多。巨蟹座喜歡安全地躲在自己熟悉的範圍裡面，格局不大，金星則重視人際和諧與舒服的感受，沒有什麼野心和企圖心，若是問工作時出現這張牌，代表這份工作的環境舒適，同事的關係平和，但看不到遠大的發展性，也沒什麼前途。畢竟聖杯 2 很滿足於現況，沒有想到以後，只要能在這舒適安全的地帶好好休息就夠了。

在愛情上，聖杯 2 是沒有經過考驗的感情，因為不用考慮對方的經濟條件或是親密相處後顯露的真實個性，所以還可以用自己的幻想看待對方，我覺得比較像是學生時代的戀愛。

抽到聖杯 2 的建議，要用善意和樂觀的眼光看待這件事，就會看到可取的地方。這件事情不會有太壞的結果，安心地等待，做好自己的事情就好。

很多人會覺得聖杯二代表性行為，當然有可能，但性行為不見得代表情深意重，只要有基本的好感，當然可以藉由對方的身體來享樂。

數字 2

圓盤 2
Change

牌名：改變

星座：木星在摩羯座

——————— **牌名釋義** ———————

「改變」的意思就是，突破原有的性質，創造更大的發展性，所以我們可以看到圓盤 2 出現無限大的符號「∞」。土元素代表物質，所以圓盤 2 會開創的項目很實質，可能是新的財源、事業項目或者第二專長——但並不是完全跳脫原來領域，而是在同一個領域中發展出不同特質，最後做得跟原先擅長的事一樣好，兩者相輔相成。例如圓盤 1 可能是開了一家很火紅的雞排店，圓盤 2 就是雞排店旁邊再開一家飲料店，雖然雞排

跟飲料賣的東西並不一樣，但都是餐飲業，可以相輔相成。

—————— **圖像與色彩** ——————

　　圓盤 2 的符號非常非常有趣，太極符號理應是黑跟白，但是圓盤 2 是紫跟黃（對比色）、綠跟黃（生命力滋生的概念）。太極裡面的點也有元素符號，上面是水跟火，下面是風跟土，四大元素都融合在一起。太極本來就是生生不息的意思，圍繞成 8 字型的煉金術之蛇會吃掉自己的尾巴，吃到最後再把自己從頭生出來，也是生生不息的概念，而煉金術之蛇頭上的皇冠則代表現實物質。

　　煉金術之蛇裡面也有兩個圈，一個是黑色、一個是白色，蛇本身的顏色也是黑白二元色。外圍也是兩個紫色圈，紫色也是二元色。在肉眼可以見到的頻率裡面，紅色波長最長頻率最低，藍色波長最短頻率最高，紅色加藍色就是紫色，代表兩個極端的協調。所以圓盤 2 完全就是兩種對立的兩極去組合協調出來的，不對立、不融合，但是並存。

—————— **占星意涵・木星在摩羯座** ——————

　　摩羯座的守護星是土星，在占星學中，木星和土星是死對頭，可是一旦合相，就會有大事發生。木星是非常強大的幸運

星，土星是非常權威的業力星，兩者合相，代表在強大的衝突之下引發大事件，最終導致變革。

許多學古典占星的人會不明白，為何木星進入摩羯座會是好結果？這必須從行星跟星座的本質去看。摩羯座代表傳統大企業，木星代表新的思想，當新思想進入傳統大企業，反而會激發出更多可能性。如果是一個高知識份子團隊，通常再找進來的人，也會是同樣性質的人，知識份子就是木星，堅強的團隊就是摩羯座，如果木星為摩羯所用，就會把好的、新的觀點帶進一個本來太過嚴肅的團隊，有鬆綁的作用，相反地，土星進入射手座（權杖 10）就像新觀念被傳統壓抑，反而帶來不好、僵固的結果。

2 雖然是很小的數字，但蘊含很強的能量，這兩股相異能量才剛剛碰撞、產生作用，雖然是往好的方向發展，但還沒真正的融合，實質的收穫也還沒有出現。火元素的魔杖 2 可能很快就能看到成果，土元素的圓盤 2 則需要多一點時間，但潛力卻是四張 2 中最強的，帶著十足的把握度蓄勢待發。

2 是跟你對立、不同的東西，但是土元素可以將其拉進來作為自己的一部分，成為改變自己的契機。在工作上，圓盤 2 可以不斷整合外來的東西，善於運用資源以及對外找資源。圓盤 2 也表示升職，把原來沒有的格局擴大——摩羯座經過長久

的努力，適逢幸運的木星，代表在天時地利人合下的升遷，背後有許多基礎與經驗在支撐；或表示將推出一個全新的方案，或者是改變公司原有的生意型態。如果是談合作案，也表示雙方都會拿出看家本領，全力以赴。

在愛情方面，圓盤 2 是相處得來，且可以撐到最後的伴侶。雖然沒水元素那種「喜歡」的情緒，但門當戶對、相輔相成的感覺卻更適合婚姻。感情抽到圓盤 2，就類似醫師娶護理師，律師嫁法官，兩者特質不同，但結合之後如虎添翼。雖然不是純粹的愛情，但圓盤 2 的組合通常對雙方都有好處，有點現實，但並不討人厭，至少就世俗面來講，兩人理解彼此的價值觀，又可以分工合作，一個專心拼事業，一個煮飯帶小孩也很務實。

圓盤 2 出現在投資上面，是張很好的牌，因為摩羯座底子厚實，家大業大，木星又是幸運星，代表多一個財源，可能最後會變成雙正財，就算是偏財，也已經很不錯了。

抽到圓盤 2 的建議，是要你找互補型的人交往，或建立合作關係。

數字 3

　　從 1 的自我到 2 的對立，現在來到數字 3，俗話說三人成眾，3 是組成團隊的最小數字，也是一個團體的基礎起步與開始，所以有「溝通、合作、協調、團隊、夥伴」的意涵。和其他數字一樣，各元素遇到 3，都會產生不同的結果，風元素的寶劍 3 是爭執──三個和尚沒水喝，就吵起來了。有人會問風元素明明很善於交際，為什麼遇上團體反而是負面的意思？因為代表這張牌的雙子座思緒本來就飄忽不定，每天都會變換不同的說法，三個雙子座加起來，更是會鬧得不可開交，不但自己人格分裂，還會互相揣測對方想法，使周遭充滿小道消息與不實傳言。

數字 3

魔杖 3
Virtue

牌名：美德

星座：太陽在牡羊座

───── **牌名釋義** ─────

火元素加上 3，牌名為「美德」，這份美德是因為你願意敞開心胸交流，無私的為對方付出、情義相挺，原本不用做的事情，也為他人不辭勞苦、不怕麻煩地做了。

───── **圖像與色彩** ─────

這張牌主色調是紅色、黃色、橘色，剛好對應脈輪下三輪的三個色系，擁有強烈的生存意志。由於三把權杖都是黃色，

代表每一個人都很有主見，也都很屬害，而權杖的長短、形狀都一樣，並且在中心交疊，代表共同的目標與核心。而背景是善於與他人建立連結的橘色，代表這個團體關係良好，不會相互爭奪控制權，反而是志同道合的感覺。

——— 占星意涵‧太陽在牡羊座 ———

牡羊座的本性自私，但是魔杖 3 是太陽在牡羊座，而太陽是獅子座的守護星，所以成熟男人會轉化牡羊座幼稚的特質，使自我意識得到提升。太陽就像是長大的火星，雖然光芒比火星還要耀眼，但更加溫和，肯將光芒普照給大眾。太陽落在牡羊時，能將心力投注在互相扶持、同心協力往一個目標努力，難怪牌名是「美德」。

魔杖 3 像是風雲際會組成的群體，每一個人都很屬害，對未來充滿偉大的夢想，聚在一起又能成就更大的事，但畢竟 3 還是小數字，團體只是剛剛成形，得到的成果算是初步的，還不到大成，就像是拍短片而非電影。魔杖 3 強調的並非以後的可能性，而是當下大家合作的心意和誠懇度、以及團隊的運作和協調能力。

工作上出現魔杖 3，代表大家都可以發揮自己的長才，且又不會互相排斥。這個團隊每個人各司其職，但目標一致，一

起迎向光明燦爛的前途。但就像剛説的，因為 3 還在剛開始的友誼的階段，還沒看到建設性，所以也不會有實質的報酬。

很多人覺得 3 很有可能是小三，但別忘了火元素還是有專一的本質，問愛情時出現魔杖 3，比較偏向是從同一個團體、同一個社交圈，或在社團聯誼當中認識的情人，兩人同質性高，或者兩人本來就配合得來，像是玩在一起的關係，才剛開始發展不久，還不算太熱烈，不過慢慢升溫中。

抽到魔杖 3 的建議，是拓寬自己的眼界，跟旁邊的人保持友好關係，能互相幫忙的地方就盡量幫，這樣就會出現比你預想更好的結果，這個結果可能跟你原初的構想不一樣，因為摻雜了別人的想法，但還是會讓人滿意。

寶劍 3
Sorrow

牌名：憂傷

星座：土星在天秤座

───── **牌名釋義** ─────

明明 3 是代表協調溝通的數字，但結合起來卻非常悲慘，牌面的花都謝了，背後的碎形圖形也不對稱，互相揣測彼此想法，心機算盡，所以牌名是「憂傷」──是遭到人際方面流言蜚語的背叛。

───── **圖像與色彩** ─────

這一張牌光看圖像就會覺得很可怕，風元素跟 3 的焦點都在人際關係，寶劍本身就因為銳利而帶有傷害性，且幽深的綠

色和黑色聚在一起有謊言的意味，所以「憂傷」的來源可能是被謊言欺騙、或是被他人的口舌是非攻擊。

　　寶劍牌組中 3、5、10 的劍尖都往中心相對，但寶劍 5 的五把寶劍排列成五角形代表物質，有一種在競爭中落敗、權利在公眾面前被剝奪的意思；10 的劍尖則斷裂，代表全盤皆輸，因為完全沒有希望，所以置之死地而後生。3 反而和物質層面的受損沒有太大關係，比較像是被近親背叛，遭受精神上的衝擊，但因為沒有實質損失，只能在心裡暗自叫屈，有苦說不出。

────── 占星意涵・土星在天秤座 ──────

　　天秤代表一對一的人際信任度，但是土星象徵阻礙與困難，土星在天秤，等於信任被剝奪，變成無法相信，更無法溝通，而人與人之間又因為誤會造成更多慘烈的狀況。可能有人在背後捅刀、有人故意造成其中的誤會，背後有小道消息在流傳，總之就是人跟人之間信任的管道出現阻礙，基本上就是個慘字。

　　工作上出現寶劍 3，可能會在職場中被整，或公司或同事的作為不符合你的期待，因為風元素代表觀感，所以並不一定是別人做錯，而是不符自己的期待和認知，讓你沒辦法接

受而已。

寶劍 3 出現在愛情上，會有一種被背叛的感覺，可能是對方做了你無法接受的事，但他不一定是錯的，但在你的觀點中，這件事就是並不能接受。

寶劍 3 出現在建議的話，代表分歧的狀況已經發生，打圓場也沒有用，所以不要再試圖整合，三十六計走為上策。（如果建議是寶劍 3 加惡魔，可能就是建議去造謠。（笑）

數字 3

聖杯 3
Abundance

牌名：富足

星座：水星在巨蟹

───── **牌名釋義** ─────

　　數字 3 是人際關係，而水元素主掌感情，合併在一起的聖杯 3 就像是親友之間互相交換心事，展現出來的情緒是愉悅放鬆的。不過下午茶的閒聊通常沒什麼建設性，一時的歡暢也無法改變現實，所以聖杯 3 也是一張比較膚淺的牌，希望停留在放鬆、不要太過於勞動自己身心的狀態，牌名「富足」並不是真的有錢，只是對現狀感到滿意。

—————— 圖像與色彩 ——————

牌面有 3 個承裝葡萄（也有人說是石榴）的水杯，代表內心覺得很豐盛愉悅，而牌面的水流雖然動得很順暢，不過也只落在杯中，代表這份讓他覺得豐盛的資源，只願意和親近的人分享，不會擴大到大範圍。上方背景的顏色也比較淡，下方則是有靈性的藍色，表示大家的感覺有充分的交流，沒有太主觀的意識。

—————— 占星意涵・水星在巨蟹 ——————

聖杯 3 的占星符號是水星在巨蟹座。水星代表交流跟溝通，巨蟹座則是會在意身邊的親朋好友，或在守護範圍內的人，卻給外人一種十足反差的距離感，如果職場上碰到巨蟹座，一定要想辦法跟他打好關係，若有幸打入他的守備區，他是會為你無私付出、給予資源的。

巨蟹守護的範圍小，在工作上對自己職責範圍外的事情一問三不知，所以問工作抽到聖杯 3，可能代表跟同事、老闆或客戶有好交情，談得很融洽，但成事的機率不高。聖杯 3 也指令人愉悅、需要感情交流的場合，例如卡拉 OK、聯誼會、酒店之類的，大家可以相處得很愉快，但有沒有發展還要看後續聯絡狀況。也有人用聖杯 3 代指娛樂業、公關業、公關公司。

　　愛情方面出現聖杯 3，代表相處的感覺不錯，但感情並不是太深切，也沒有到要付出承諾的程度，畢竟只是數字 3 而已，還在很前面的階段，有沒有發展的可能還要看後續的牌組。如果已經在交往階段，自己對感情要求也不高的話，這張牌是很夠用的，至少兩人有話講，一起出去玩也可以達成共識。如果單以這張牌論斷「有沒有機會交往」的話，其實希望不大，因為巨蟹並不擅長擴大發展，如友誼般的相處雖然交流得好，但交往後深入現實，要在意的可就不只是感情了。

　　聖杯 3 出現在「建議」，是盡量享受當下，以後的難題以後再說，趁現在享受，以後再克服難關。如果你已經處在很艱困的狀況下，建議找人聊聊，不要困在自己的世界，接收別人的意見，心情會比要好。

圓盤 3
Works

牌名：工作
星座：火星在摩羯座

─────── **牌名釋義** ───────

　　牌名「工作」，而非「事業」，代表只是機器裡的小螺絲釘。工作是團體合作，你只做其中一部分，像生產線一樣，接收前人做好的，再轉交給下一個人，我只負責包裝，你負責把東西放進去，範圍比較小。它不像魔杖 3，魔杖 3 若拿拍電影比喻，就是你是導演、我是編劇，每個人獨立完成一項事業後集結起來，呈現給眾人完整的作品。圓盤 3 則是每個人做的都是小事，要合起來才能成為一個成就。

──────── 圖像與色彩 ────────

牌面不只三角形，還是一個立體的銳角三角體，代表非常堅固的團隊。三個紅色輪子非常努力且運轉順暢，可是沒有見到情緒歡愉、情感交流的象徵。圓盤 3 和魔杖 3 一樣是代表團隊合作，但魔杖 3 比較有創造力，圓盤 3 則是各做各的，再把彼此的成果組合起來而已。魔杖 3 的團隊類似創作藝術品或是創業，並不知道最後結果會是怎麼樣，但圓盤 3 則是在開始之前就有清楚明確的目標，只要照著程序跟模式操作，就一定會完成。

打個比方，魔杖 3 就像建築師，圓盤 3 則像是建造工人。建築師會指揮工人去立柱子，他去填地基，最後房子完成，建築師來剪綵。魔杖 3 是每個人做專長的事情，你負責通路規劃，生產部負責生產製造，每個人做其專長，共同合作讓產品大賣。圓盤 3 是流水線上的作業員，做差不多的事，再把成果疊加起來。

──────── 占星意涵・火星在摩羯座 ────────

火星是獨立有衝勁的，是一個人強烈的力量；摩羯座紀律嚴明，火星在摩羯座，自然是會追求效率的一張牌。就像在大企業中，每個部門、每個人都要發揮效能，組合起來企業才能

運作。火星代表在團隊中的每個人都會拿出拼勁與實力，但因為火星、摩羯都有自私的意涵，所以會太執著於自己的目標，各做各的無暇激發出創意火花。

在工作上，圓盤 3 是每個人做同一件事，或者三個人分配到一樣的工作，類似工廠的生產線，有些人負責上游，有些人負責下游，但做的是同一件產品，只是分工合作而已，大家的專長都差不多，只是負責的部分不同。他的眼界雖然比較小，不會有什麼爆發性的發展，但好處是按部就班，因為每個流程都被規定得好好的，只要按照這個流程，就會出現一個結果。偉特的錢幣 3 有學習的意味，托特的圓盤 3 則是付出多少就得到多少，一分耕耘一分收穫，不會有多。

火星進入摩羯，好比要在短時間內（火星）完成目標（摩羯），有趕時間、趕進度的意味，所以圓盤 3 出現在感情，很常代表相親結婚。我覺得這張牌若出現在婚姻裡是很不錯的，因為感情穩定，又能同心協力分工合作，雖然看似很無聊，但會維持很久的婚姻都是這一種的──我知道你賺多少錢，我該付多少錢，小孩出生誰要犧牲什麼事情，這個都先協調好，彼此擔負該負的責任。

圓盤 3 的建議就是社會覺得你這時候該做什麼事，就把這件事情做好。年紀到了該有穩定的工作就找穩定的工作，該結

婚就結婚，如果你很茫然，就問別人的意見，把該做的事情做好，其它的可能性才會出來。如果你在一個穩定的狀態抽到圓盤 3，就需準備下一個目標，準備前進，例如買房子、生小孩等等，因為 3 畢竟不是守成的 4，還是需要往前累積。

數字 4

經過了 1 到 3 的萌發，到達數字 4 可說是初步站穩基礎了。3 是代表最小的群體，而 4 則有穩固的意思，像 4 面牆、4 根柱子都足以打下基礎。

所以 4 算是格局較小的穩固，同時具有保護或限制的含意。如果你想要守成，數字 4 是非常好的牌，但想要開創格局，數字 4 就是侷限了。

數字 4

魔杖 4
Completion

牌名：完成
星座：金星在牡羊座

━━━━━ **牌名釋義** ━━━━━

偉特當中的權杖 4 是「在穩定的基礎之下求成長」，這層意思也可以在托特的魔杖 4 中看到，雖然牌名是「完成」，但不代表已成定局，而是基礎已經構建好了——房子已經打好地基，可以開始往上灌水泥了。

━━━━━ **圖像與色彩** ━━━━━

我們看到富有行動力的紅色魔杖組合成一個黃色的圈，它

並不是橫衝直撞，而是繞成一個完滿的圓形，代表雖然很有執行力，但並不會衝動或招敵，而是相當圓滑地把進度推前，畢竟黃色擁有代表聰明的腦袋，能將手邊的資源通通結合起來，做有效率的運用。而最外圍的綠色，代表和平安全的環境與良好的人際關係，這個人雖然內在的企圖心和攻擊性都很強，但也相當地會做人，別人不但看不出來他的野心，還會跟他相處良好。

牌面中間有一圈火焰在蔓延，那團正在延燒、擴大的火花代表成就，雖然現在火勢還不大，但因為先前就有花時間累積柴薪，所以能量來源豐厚，情勢一片看好。

———— 占星意涵・金星在牡羊座 ————

魔杖上面有著鴿子跟牡羊，牡羊是男性化的象徵，鴿子則是水元素與維納斯的象徵。金星跟牡羊是非常極端的結合，金星是超級女性化、柔性的行星；而牡羊座則是非常男性化、野性的星座，兩者相加有種陰陽調，得到更大的能量的感覺。畢竟單純的牡羊座會太衝動，單純的金星則是太慵懶，兩者結合剛好可以互相補足對方的缺點，金星把牡羊的衝動降了下來，呈現出外柔內剛的特質，所以在許多狀況下，能夠深謀遠慮、有為有守。

　　在工作上抽到魔杖 4 是很幸運的，代表你自己的工作態度本身就已經很吃香了，而且也已經有了穩定的基礎，或者是已經在公司站得很穩且受信任了；就算還沒進入職場，也代表你已經比同齡者起步快、有成就，未來還有更多更好的可能性與升遷空間，而且只會往上不會往下。更好的消息是，現下的你正受人保護，也有人罩（因為背景色為綠色），處於既有安全感，又有發揮的空間的狀態。

　　無論問愛情或工作，抽到魔杖 4 都顯示問卜者不太可能是兩手空空的狀態，他應該是有一定的基礎。愛情上代表穩定下來了，並且還有持續加溫的可能性，而且會是看起來有助益的對象，甚至會步入禮堂。單身者抽到魔杖 4，代表目前的生活已經很圓滿了，愛情就是點綴式的存在，不過我在實務上抽到這張牌，很多時候是當事人已經有另一半了，只是不太想承認而已。

　　「建議」抽到魔杖 4，代表你還是需要穩定下來，但穩定的基礎可能是你以前舊有的經驗。如果在待業中，可能就要找原來熟悉的職務；如果在感情上，可能要尋找有過去喜歡對象特質的人或是舊識。

寶劍 4
Truce

牌名：休戰

星座：木星在天秤座

—————— 牌名釋義 ——————

　　牌名「休戰」的意思並非戰爭結束，而是經歷過寶劍 3 的彼此揣測、機關算盡後，休養生息，一時的停戰。問題還是存在，只是我們選擇不去觸碰，好處是能夠擺脫負能量，讓自己先休息一陣子；壞處就是事情依然沒有解決，總有一天會再度浮出水面。

——— 圖像與色彩 ———

四把寶劍劍尖相對，但並未觸碰在一起，圍繞著一朵象徵和平的花朵，代表此時的和平並不是大家理念相同創造出來的和諧，而是「妥協」。寶劍 4 不像寶劍 3 一樣刺穿花心，而是停下來針鋒相對，把時間停止在最危險時、準備開戰的前夕。就像是球賽開打非常激烈時，教練喊下暫停的時候。

背景有凌亂線條的藍色與黃色，是對比色，代表理想和自我的拉扯，而四把有攻擊性的寶劍則藏在綠色中，代表和平的安全地帶當中。一旦暫停時間結束，就會殺得互不相容。

——— 占星意涵・木星在天秤座 ———

木星在天秤座，天秤座本來就不喜歡起爭端與正面衝突，加上代表擴張的木星，將和平基礎擴大，叫「大家都不要吵了」。但我們從背景的雜亂可以看出來，事情並沒有真正地解決，只是天秤運用理性，把自己的準則說出來，木星則發揮哲人的高階力量，請大家遵循原則。但事實上，現在的和平都是製造出來的和平，衝突還是被埋在深處沒有解決。

寶劍 4 在工作上代表不積極，卻能避開正面衝突。經歷過之前的水深火熱，現在你對工作有點放空的狀態，只憑本能跟經驗在運行，並不想要開創什麼。建議你休息一陣子，休個長

假或到國外遊學，或者乾脆換個跑道，別做老本行了。我有個寶劍 4 的案例，是之前待在壓力很大部門，後來被調去壓力較輕的部門一陣子，過了不久又再度被轉調回來。寶劍 4 在老闆眼裡依然是有能力的人才，休假只是要讓你充電，並不會輕鬆太久，充飽電就要回到崗位上火拼了。

詢問愛情抽到寶劍 4，代表兩人之間有許多的衝突跟掙扎點，卻假裝沒事。如果婆媳吵得很兇，寶劍 4 就是夾在中間假裝沒事、不肯面對也不想解決的丈夫。

如果寶劍 4 出現在建議位置，就代表著要你把情緒先冷靜下來，不要這件事上窮追猛打，否則結果會更糟糕。也就是說學習「冷處理」的意思。寶劍 2 和寶劍 4 表面上的表現可能很像，但出發點並不一樣，他們都有暫時停下來的意思，但寶劍 2 的停下，主導權不在自己手上，不得不停下，可能下一秒就改變了；寶劍 4 則是自己決定休息，所以能有比較長的時間。如果在「建議」位置抽到寶劍 4，也是請你先休息一陣子。

數字 4

聖杯 4
Luxury

牌名：奢華
星座：月亮在巨蟹座

──────── 牌名釋義 ────────

一般人看到牌名「奢華」就會往有錢的方向想，但水元素並不代表金錢，那「奢華」到底在奢華什麼呢？其實這張牌講的是內心非常空虛且不安，非常需要外在的東西來填補，但是這些東西買得再多也無法填補內心的空洞感。所以「奢華」是金玉其外、虛有其表的狀況，別人看起來很風光，但你真正想要的是得不到的。

---------- **圖像與色彩** ----------

牌面中的 4 個聖杯是華麗的金橘色，但背景卻很灰暗。而水只在四個杯子裡面流來流去，跟下方的源頭沒有接線——旁人看起來歌舞昇平、一派繁榮的景象，其實是有限且空洞的，而且不思創新和進步。有點很像白先勇寫的《台北人》，活在昔日的繁華裡，但對過去的緬懷變成前進的包袱。

---------- **占星意涵・月亮在巨蟹座** ----------

月亮和巨蟹守護的範圍都很小，是非常沒有安全感的組合，除了保護自己之外，並沒有餘裕可以兼顧其他人，甚至對自己感到陌生的事物懷抱恐懼，把可能性都隔絕掉了。在這邊強調，古典占星的吉凶論法並不能套用在托特牌上。月亮進入巨蟹是情緒太多，太過敏感，有點像高敏感族群，非常在意別人看你的感覺，就算你心裡很痛苦，但還是把自己裝得像沒事一樣。

4 也代表水元素、感情。你的夢想很多，但又被框限住，可能是嫁或娶了不愛的人，或做了不喜歡的工作，不能往外開發，以至於內心覺得不滿足，於是買了很多東西裝飾自己，或拿許多自己並不需要的東西，雖然外在光鮮亮麗，但你擁有的都不是你真正想要的。

在工作上抽到聖杯 4，代表頭銜很好聽，實際上沒賺什麼錢，例如在影視公司、上市上櫃公司工作，聽起來很顯赫，但職銜只是小小的客服或助理。或是有些傳直銷經理，明明沒賺什麼錢，卻會打腫臉充胖子。也有一種可能是錢賺很多，但社會地位不高的職業，例如酒店小姐。

反映在愛情上，就是虛有其表，類似藝人的婚姻，在節目上曬恩愛，但其實同床異夢；或者是嫁入豪門，但不見得真心喜歡對方，雙方除了利益交換外，沒有感情交流。獅子座最容易談這種愛情了，他們在乎外界給予的評價大過於自己內心的渴望，加上他們不喜歡示弱，即便選錯對象，也會一直講對象的好話。

建議抽到聖杯 4，我會建議你先自我麻痹一下，但很快就要清醒，不能長久處在這個狀態。等這段時間過了，就要認清現在擁有的東西不是你真正想要的，不需要的就割捨掉吧。如果不知道如何割捨，可能要問問別人的意見，因為別人看到的可能是真實的（就算你認為別人都看不到）。

數字 4

圓盤 4
Power

牌名：力量
星座：太陽在摩羯座

───── **牌名釋義** ─────

在牌面之中，城垛上的四個符號分別象徵四大元素，彼此締結成一道堅固的城牆，所以牌名「力量」其實是劃地為王的力量。你是劃定領域裡的權威人物，具備強大的武力，無論外來的侵擾多麼令人憂心，你所鎮守的範圍依舊固若金湯。

───── **圖像與色彩** ─────

應該要是圓形的圓盤變成方形的城牆，且有四大元素坐

守，已經非常穩固了，但城外還是加了一道護城河，把城池框起來，出入口只有前後小小兩道門，代表溝通管道非常狹窄，外人很難入城，即便進入城內，也難以出城。

圓盤象徵的土元素已經夠頑固，搭配象徵穩固的數字 4，更顯出這張牌僵持和固執的特性。城內的小小領域是米色，城外是橘色，象徵城外擁有比城內更多的資源，可是即便如此，圓盤 4 也不願敞開城門。

──────── 占星意涵・太陽在摩羯座 ────────

太陽跟摩羯座都是王者，兩者相加在一起，可以想見掌控欲一定相當強烈。太陽的光線被四周的城牆包圍，發光的範圍縮限在城牆之內，如果象徵的是人，就是個成見極深，一旦決定就不容易改變的人。好處是這樣的個性比較不會隨著外界搖擺，有堅定的信心，不管外面的人怎樣做，都不會隨之起舞。

大家都說圓盤 4 不好，會把你限制在當地，但如果你在茫然的時候、不知道要做什麼的時候，抽到圓盤 4 反而是好事，因為它代表給你一個穩定的狀態，例如穩定的工作或家庭，所以在飄蕩不安時抽到圓盤 4，就是件好事了。但如果你現在格局很大，想要突破，那圓盤 4 可能就不會讓你成功了。

在工作上抽到這張牌，可以往好方面解釋，也可以往壞方

向解釋。好的方面是能在冷門、小眾的領域擔當權威角色，取得很大的成就（摩羯座＋獅子，象徵在狹窄的格局裡面稱王）；壞的解釋就是只要超出能力範圍之外的事情就無法兼顧，沒辦法擴大合作範圍。如果象徵人，這個人可能有獨裁傾向，而且不信任他人，花許多力氣做事，而沒有可信任的人足以當助手。

愛情上象徵死板且控制欲很強的戀人，不過也有生性小鳥依人的人，會認為這樣的管束非常令人著迷！（這樣的人大概很喜歡《愛上壞總裁》系列的小說）。圓盤 4 也有溝通困難的意思，溝通對象本身就很封閉，且不太願意打開耳朵，不過他能穩定維持一段關係，很多老一輩的丈夫就有這樣的觀念，婚姻不重視心靈交流。

財運上抽到圓盤 4，要看自己目前的狀況判斷好壞，如果原本就三餐不濟且經濟不穩定，抽到圓盤 4 就很幸運，代表事業會逐漸穩定下來，且有長期的穩定收入。但如果設定的目標是賺大錢或者財務自由，圓盤 4 就不太好了，因為穩定、長期的收入並不是發大財。

建議抽到圓盤 4，代表請你先鞏固自己的基礎，把不必要的事情捨棄掉，重要的事情紮穩腳跟。

數字 5

　　單數是變動之意，偶數是平靜的意思。4 是穩定下來打好一個基礎，待在安全地帶被保護得很好。5 是要動起來，離開安全地帶，所以會產生混亂，在這之中容易遇到挫折，繼而自我保護。然而我們離開安全地帶的動機是想要成長，想拓寬自己的格局，找到舞台與自我證明。所以數字 5，就是想要走出 4 的安全網，來到舞台上向別人證明自己很了不起。

　　雖然數字 5 的出發點是好的，但是塔羅牌指出了「證明自我的下場」，畢竟要證明自我得先擊敗對手，戰爭一旦發起，當然也可能被對手打敗，就算結局勝利，過程也勞民傷財。所以在塔羅中，5 是非常拉鋸的數字，關鍵字是「比較」、「競爭」，遇到考驗跟阻礙。5 的狀況就類似剛剛出社會，覺得自己很了不起，想要大展身手，但卻在第一份工作遭受挫折。

魔杖 5
Strife

牌名：爭吵

星座：土星在獅子座

───────── **牌名釋義** ─────────

　　牌名雖然是「爭吵」，但因為背景是光明正大的黃色，所以是良性競爭的意思，敵手與你還在旗鼓相當、不相上下的階段，但並不是使用暴力或權勢，而是互相爭理。

───────── **圖像與色彩** ─────────

　　牌面上兩根紅杖跟兩根藍杖，被一支土星之杖重壓。下面四根權杖為赫密斯之杖，赫密斯是眾神的郵差，負責傳遞大家

的口信，而兩種不同顏色的權杖，代表意見不同的雙方（紅杖代表行動力，兩根藍杖代表思考能力），然而卻被土星之杖壓下來，代表在想要伸展拳腳的同時，被太多傳統的束縛給阻擋住，此時火元素的反應會是「跟他拼了」！

── 占星意涵・土星在獅子座 ──

獅子座是非常自我中心的星座，時不時想自我突顯，在舞台上閃閃發光，但土星當頭，於是這一份驕傲受到壓抑，可能有一個比你更資深、更大尾的人壓制住你，使你不能出頭，兩人相互較勁。但獅子的好處是光明正大，喜歡以理服人，雖然有競爭之意，但都是明刀明槍，有實力的那方獲勝後，另一方也會有運動家認輸的精神。

想要凸顯自己的同時，都會遇到他人的壓制，就是魔杖 5 的狀況。但火元素在受到壓制的情況下並不會投降，反而會強化自己的實力來突破難關。這就類似蘋果推出 iPhone，其它廠牌如三星也會推出智慧型手機，蘋果並不會懷憂喪志，會緊張一下然後推出其它款手機「跟你拼了」，然後小米跟 Sony 就會秀一些別人沒有的特色，絞盡腦汁找出其它款的缺點，強化自己的優點，這就是「互相競爭」。每一家廠牌都在使盡渾身解數，然後──手機更新速度越來越快，而且性能越來越好。

工作狀況出現魔杖 5，表示會跟同事或敵手出現衝突，也可能是兩個團隊，比賽業績、比賽成效。此時對手絕對不會是太差的人，因為魔杖 5 講究勢均力敵，如果一方一直在一枝獨秀、把對方壓著打的話，並不會進步。魔杖 5 的目的是在競爭當中成長，會不斷迎向對自己有幫助的衝突，或者是對實力有幫助的競爭。

　　但如果「問題點」出現魔杖 5，結果當然就是相反，它可能是提示你一直在跟別人較勁，消耗自己的能量，拿該做正事的時間和心神跟人家比較，結果讓自己停佇不前。

　　有人問愛情上出現魔杖 5，是否代表第三者。我覺得只有魔杖 5 的話，只能詮釋成有情敵，或是在吵架，但還未必是第三者（因為第三者本質上不是公平的競爭）。戀愛中的情侶兩人之間出現魔杖 5，我會先解釋成吵架或是價值觀互相僵持拉鋸、爭奪控制權，互不相讓。（但這也代表對方是能跟你較勁的對象，因為程度差太遠的話就沒辦法拉鋸了。）

　　如果還沒交往，牌陣中的其它牌都是猛烈的火元素，代表大家都還很熱情，但還沒有定下來，只是一堆人鬧哄哄地在搶奪對象而已。但如果牌陣裡有土跟水元素，同時出現魔杖 5，就有可能是第三者。

　　「建議」出現魔杖 5，要把你任何不喜歡或者不高興的事

都攤開來，直接講清楚說明白，把不合的地方全都攤在檯面上，因為它就是要「爭吵」，吵過後反而會有轉機。

寶劍 5
Defeat

牌名：挫敗

星座：金星在水瓶座

────── **牌名釋義** ──────

　　火元素的魔杖 5 是檯面上的良性競爭。但風元素的寶劍 5，只代表即便在小地方也互不相讓的惡性競爭，有抹黑、污衊、算計等內涵，所以牌名「挫敗」是心理上的不平衡，但挫敗只是一時認輸，不要捲到戰局裡面去而已，之後再延伸下去的方向反而是好的。

—————— 圖像與色彩 ——————

尖鋒相對的缺口寶劍，組成象徵物質的倒五角星形，表示可能遭受金錢、地位等實質的損失。這張牌的背景顏色很漂亮，象徵心輪的綠色加上靈性揚升的紫色，原本有新生、重生的意思，但卻疊上了雜亂的背景，代表物質上的損失連帶造成內心的挫敗。但我們依舊能看到最外圍包覆冷靜的藍色，此時的放棄並不是怨天尤人的放棄，而是認清楚事實而放下。

在偉特中，寶劍 5 是小奸小壞發黑函，但不敢正面衝突。但托特牌就更進一層，代表這份挫敗不但你自己遭受損失，在他人心裡的地位也會跟著動搖。

—————— 占星意涵・金星在水瓶座 ——————

金星是很需要人與人之間的關懷，在人群中搓湯圓的牌，不喜歡看到真相，希望別人安慰她。但水瓶的觀念卻和一般人不一樣，只講實話不會安慰你，講究公平正義。兩者放在一起自然格格不入，導致引起衝突。產生挫敗感來自於：跟我當初想的都不一樣、我被擺了一道或是被背叛了。

抽到這張牌時，當下心情是沮喪落寞的，但是發展下去卻可以不錯，所以雖然會有打擊跟挫敗，但好處是讓你看清事實，反正損失的是本來就不需要去爭取的東西。風元素競爭力

並不強，只要認輸，就不會再咄咄逼人，所以抽到這張牌時，我會建議先投降，看看另外有什麼領域可以發揮，重新建立自信，旁人看起來可能是認輸了，但你卻能以退為進。人在江湖，有時認輸放棄其實是最好的結果，不用把力氣花在錯誤的事情上面去爭奪你死我活。

如果魔杖 5 是拼盡全力，放手一搏，寶劍 5 就是「你的專長我打不過，就去發展別的專長」。所以我也給這張牌起了一個新的名字，叫「認輸」。在這樣的情況下認輸其實很聰明，在第一個戰場上敗下陣來，轉移陣地，既不會耗費更多成本，又能爭取不同的藍海。

風元素並不執著，所以「建議」出現寶劍 5，就是「不要玩了」，撐下去也沒有好處。而「問題點」出現寶劍 5 的話，也是建議不要把力氣消耗在無謂的地方，這裡本來就不是你的戰場。

寶劍 5 的感情就是「你被別人打掛了」。他對別的女人比較好，或者他對朋友比對妳好。也可能是你放棄跟他溝通了，或者你覺得自己的價值沒有被尊重，或對方是用你無法認同的方式在做事情，你覺得在這段感情裡面不但沒有成長，而且感情被壓抑，才會產生挫敗的感覺，但久了之後也懶得跟他吵了，認命比較實在。

　　「建議」出現寶劍 5 有一個特質，就是你要「認輸」。你要認輸才會發現真正重要的東西，你現在在表面上堅持的都是意氣之爭，那些意氣之爭都是不必要的，放下這些，你才會知道什麼對你來說是真正重要的。

聖杯 5
Disappointment

牌名：失望

星座：火星在天蠍座

─────── **牌名釋義** ───────

牌名是「失望」，你有，但是覺得不夠，或你想要的都不如預期。但其實你擁有的很多，別人看起來很風光，但其實不是你需要的，或不符合你的理想。

─────── **圖像與色彩** ───────

杯子代表心裡的感覺，但牌圖杯子是藍色的，卻沒有水，代表心裡面沒有感情，看誰都會覺得對不起你。而上面兩朵

枯萎的荷葉，牌圖的背景是橘色，代表其實已經很富足了，擁有很多、運氣很好、資源不虞匱乏了，但是心裡面還是覺得什麼都沒有。5 個聖杯呈現逆五角形，代表物質世界的「不」滿足。下方本來應該是活水的源頭，卻是乾枯狀態，而深綠色是隱瞞與自欺欺人的意味，不看清現實的意思。

———— 占星意涵・火星在天蠍座 ————

托特牌並沒有三王星，在古典占星中，火星本身就是天蠍座的守護星，所以火星在天蠍就是雙重天蠍的意思。天蠍座物質欲望強烈，內心自私，覺得全世界都欠他，往負面發展就會有憤世嫉俗、欲求不滿的狀況，明明別人幫的忙已經夠多了，但自己卻覺得別人什麼都沒有幫你。因為貪婪，所以給再多都不會滿足。

因為習慣別人對你的好，久而久之感到理所當然，是人的通病，在聖杯 5 裡面，這種傾向又被強化——所以別人對他再好，他都覺得是應該；別人對他一點點不好，他就記恨很久。

聖杯 5 出現在工作，會有種「全世界都在跟我作對、自己運氣很差、覺得非常悲觀，什麼事情都懶得做」自怨自艾的心情。水元素本身就很被動，對工作覺得「如果我做了，但得不到肯定，那乾脆不要做。」如果是指工作的環境，代表明明資

源很豐厚，我們卻不懂得運用（藍色杯子代表不知道資源在哪裡）。

因為不敢看自己的缺點，就會一直去看別人的缺點，所以容易顧人怨。也會論人是非，都是誰誰誰欺負，所以我才做不好之類的。明明自己沒有進取心，卻只會抱怨別人沒有給你機會。也代表會挑撥離間、見不得別人好，在職場上演宮鬥大戲的同事。聖杯 5 的天蠍特質就是容易把錯誤怪到別人身上。

愛情遇到聖杯 5，若問對象，就代表他是一個類似天蠍座男人（火星代表男人），在愛情上的負面毛病有：控制欲強、情緒勒索、愛挑剔。天蠍座男生想要控制你，不會明擺著要控制你，而是試圖激起你的罪惡感。比方說今天晚歸，問天蠍座男生吃了什麼，他可能就會回答「妳今天不在，我什麼都不想吃，也不知道自己一個人要吃什麼。」就是所謂的情緒勒索。水元素不會主動去宣戰，但會用隱晦方式讓你覺得對不起他。會一直計算你哪裡對不起他，但就忘記看對方對他好的部分。

「建議」出現聖杯 5，要你不滿足於現有狀況，把眼界擴大。你現在有的東西都不是你要的，所以也不要執著或過度保護他們，因為最終那些都是要丟棄的。也要多看看自己弱勢的地方，不要太過樂觀。

數字 5

圓盤 5
Worry

牌名：擔憂

星座：水星在金牛座

────── **牌名釋義** ──────

　　比起其它牌的挫敗，這張牌名還算輕描淡寫，叫「擔憂」，但他是代表面臨一時的阻礙、或者起跑點較慢一點，所以很擔憂，但並沒有監禁或永遠被禁錮在這裡的意思。他還是在前進，只是前進的速度非常慢，因為有東西擋著他，但畢竟是 5 而已，所以不會擋一輩子，只是擋在中間一陣子，只會讓你的路程變慢，但還是有在前進，這障礙還是可以排除，只是要花多一點時間而已。

———— 圖像與色彩 ————

牌面中黃藍交雜，背景的黃色雖然很想要前進，但卻被灰藍色齒輪卡住，所以一些想法與創意都很難運行，想要去落實的話，就會碰上險阻重重、找不到資源與願意給機會的人。所以圓盤 5 也會有大器晚成，早年並不得志的意味。

土元素會面臨到的問題點，就是現實條件或周圍環境的限制。許多人都會將圓盤 5 解釋成沒錢，的確沒有錢萬萬不能，但我覺得沒錢只是受困的可能性之一而已，沒有貴人提攜、天份不足、知識廣度不夠等都會導致受困。不過雖然卡卡的，但還是有在前進，雖然現在沒辦法做得很快、進行得很順利，但賺到足夠的經驗之後，就有機會逆轉勝。

———— 占星意涵・水星在金牛座 ————

水星是非常快速、主掌溝通的行星，腦袋一直轉一直轉，就會有許多點子迸出來，但是金牛座是土象固定宮，水星在這位置根本就是落陷，代表思考與口才遲鈍。牌名的「擔憂」，意思是指水星想要嘗試探索很多事情，有很多點子，但現實條件卻不能配合。金牛座是謹慎的星座，但也是因為太過謹慎，任何事情都想要籌畫完整才執行，所以進度緩慢，最後錯失先機。不過往好處看，水星和金牛的邏輯性都很強，只要把時間

拉長，雖然行進的速度雖然慢一點，基礎卻會打得很穩健。

　　工作上抽到這張，就是「時不我予」，很難發揮。腦中有許多點子，但實務上會配合不起來——可能是因為不知道雇主真正的需求、搞不清楚市場實際狀況是什麼、部門間合作不良、時常吵架等。

　　在愛情方面，如果是已經在交往的人，就代表溝通有阻礙，兩個人在價值觀上無法融合。如果是單身時抽到圓盤 5，代表進度緩慢，你喜歡的都是頗有挑戰性的對象，光是要跟他混熟就得花不少時間，或者對象對你而言太過遙遠。在占星裡，水星落在金牛有時會有結巴的現象，越想表現自己的時候越卡，也許你在心儀的對象面前，連話都說不清楚。

　　圓盤 5 出現在「建議」位置的話，就是要你放慢速度，不要衝那麼快。可能你的基礎還不穩，技能還不夠熟練，貿然行事反而顯得半瓶水，會漏掉許多東西，或者是時機過早，衝太快反而會失敗。

數字 6

　　三角形能撐住的重量最多，所以 3 是一個代表群體力量的
數字。6 是 3 的兩倍，因此可以說 6 表示著群體結構和眾人的
力量，可以在社會中與大家和諧相處，是集體結構最堅固的數
字。換句話說，6 脫離了個人觀點、視角，是群體化的象徵。

數字 6

魔杖 6
Victory

牌名：勝利

星座：木星在獅子座

────── **牌名釋義** ──────

　　牌名的「勝利」並非只有自己贏得比賽，而是贏得大家的榮耀。魔杖 5 是適應社會的過程，被別人打槍、否定後才會一步一步修正，當最後融入群體了，人家肯定你了，就會步入魔杖 6 的階段。這個勝利並非自己開心而已，而是大家都會替你高興。

圖像與色彩

背景是代表尊貴的紫色，圖像是赫密斯之杖，杖上的尖嘴是朱鷺、鷺鷥，是水星之神，也代表托特。鷺鷥會把嘴巴伸進沼澤裡面吃東西，類似墨水筆沾墨水的感覺，這代表以知識跟大家交流。再下面是一般杖子，牌面上是火元素跟風元素的交融，也就是以知識獲得大家的矚目。這六根魔杖的長度是平均的，沒有哪一根特別突出，代表勝利是屬於全民的，就像李安拿下奧斯卡電影導演獎、林書豪成為 NBA 明星球員，是台灣舉國人民都會覺得於有榮焉的。

占星意涵・木星在獅子座

木星是幸運星，社交能力強，而且會不斷擴大，而獅子座天性醒目，兩者結合顯露出明亮外向的特質，因為大家都看到你了，所以自我意識跟著被滿足。不過畢竟魔杖 6 是火元素，燃燒到 6 的階段，最怕後繼無力，有可能一開始聲勢浩大，不過卻雷聲大、雨點小，不見得後勢看漲。

如果關係牌陣裡面抽到魔杖 6 的話，代表螢光幕前的愛情，或對方對你的好，大家都能清楚感受到，不要覺得不好意思，坦然接受就好了，但記得要給對方面子，畢竟獅子座是很虛榮的。

　　魔杖 6 是既能出風頭，又能兼顧人緣的牌。職場上魔杖 6 象徵意氣風發的同事，但並不會招人妒恨，因為他越紅，對大家就越有好處。他做出好成績後，不忘提攜合作夥伴，就是一人得道，雞犬升天的感覺。但他本人是否真的有強大的實力，則要打個問號，只能說至少表現上看起來讓人充滿信心。

　　魔杖 6 在愛情上，代表眾人眼中的金童玉女，檯面上既出風頭，私下對人又和善。人與人之間互相比較是常情，能夠獲得大家一致祝福的並不多，不過魔杖 6 就是特例，可能是因為非常親切隨和，或對人特別好，所以在受人矚目之餘，也不會樹敵。唯一的缺點就是有時會感情用事，不夠踏實，不過一般來講，已經夠好夠穩定了。

　　建議抽到魔杖 6，是把自己好的地方盡量展現出來，但不是要你炫耀，而是展現出自己的能耐後，需要幫忙的人才會找你求助，這樣你才能幫得到人家，因為 6 是個群體的數字，所以抽到一定是跟團體有關。

寶劍 6
Science

牌名：科學

星座：水星在水瓶座

牌名釋義

　　這裡的「科學」指的是科學家精神，就像德國人實事求是、力求精確的精神。風元素在塔羅牌中通常代表傷害與流言，但是 6 可以和緩這種負面能量，具有調解效果，寶劍的傷害性在這張牌上就被抵銷了。不過畢竟是寶劍，雖然可以和大家好好相處，但也不會太熱絡。就像是簽訂和平條約，彼此互不侵犯，待人處事上冷靜，秉持公事公辦的原則。

──────── 圖像與色彩 ────────

牌面背景線條雜亂，看起來非常複雜且互不關聯，但其實這些圖形都是對稱的碎形幾何，自有其規律與連結在裡面。牌圖的六把劍指向中間，中間大大的內圓外方圖像，表示靈魂在內、物質在外。中間的黃色十字代表物質界，在整體與實際上取得平衡。

──────── 占星意涵・水星在水瓶座 ────────

占星符號的水星在水瓶座，代表的是完全理性不談感情，一切皆由大腦來主導。寶劍 6 的同事會是冷靜自持、對自己要求很高，但是不會管他人閒事的人，也不會造成別人的困擾。接了工作可以做得很好，既不會麻煩別人，也不會干涉或熱衷他人的事情，剛好處在一個平衡點。工作能力則是照章辦事，規定好的份內工作做得分毫不差，但也不會再多做什麼。雖然有些工作不能只有照章辦事，但如果是從事品管或外科醫生的話就很適合。

愛情抽到寶劍 6，表示事事講理，有時候甚至會讓人覺得有點冷酷，不帶任何感情成分。所以熱戀期抽到寶劍 6 當然很不好，不過有些人就算火力全開也就只是這樣。相親也有可能是如此，抱持著「奉命行事」的態度。

我們也可以理解，並非所有婚姻都是至情至性，有些人在簽署婚前協議書或婚前健康檢查時，會醜話都說在前面，冷靜地和對方交換條件。大家訂下一個規矩，一切都照規矩來，例如吃飯該由誰出錢、房貸誰該負責多少，講求形式上的平等、對等的權利義務，不管是什麼事情，每次都一人一半。

　　建議抽到寶劍 6，是要你冷靜下來，慢慢的前進，不用太急，按部就班就好，把每個需要注意的地方都要想到，因為他的牌面是非常平均的，六根杖子都一樣長。

數字 6

聖杯 6
Pleasure

牌名：歡樂

星座：太陽在天蠍座

———— **牌名釋義** ————

　　雖然牌名是「歡樂」，但坦白說，太陽在天蠍座並不是無憂無慮，只是和聖杯 5 比起來，聖杯 6 對所擁有的會較為知足。就像獅子會吸收牡羊質一樣，聖杯 5 是火星在天蠍，而聖杯 6 的火星被太陽吸收掉了；太陽光照亮了天蠍這座黑暗地府，提升了天蠍座。不過這裡太陽主導的改變，並不是指人格特質，而是心態上的變化。從幼稚負面的憤慨「哼！大家都對我不好，對我不公平」，轉變為「其實我已經很幸運了，我現

在很快樂」，這種滿足於現狀的知足。

────── **圖像與色彩** ──────

配色跟上一張聖杯 5 相反，聖杯 6 是藍綠色背景，橘黃色聖杯。水代表感情，聖杯裝了水且用蓋子蓋起來，水就不會輕易蒸發掉，這表示你的內心富足，小小的快樂就會感到幸福，同時也相當珍惜這種小確幸。但也要留意，這張牌看似充滿希望，卻未必能得到實質的好處。

────── **占星意涵・太陽在天蠍座** ──────

從占星學上來說，火星在天蠍會加強天蠍特質，但是就「占星事件」上，太陽在天蠍會照亮提升天蠍，心態上比較知足常樂。在「個人星盤」來說，則會表現出天蠍座的人格，認定一個人的時候，忠誠度便會非常高。

聖杯 6 在工作上雖然沒能賺大錢，但會把工作場合的氣氛營造得很好，大家都能和樂融融地相處。工作領域的話，可以選擇熟悉的老本行，或是舒適、讓自己有安全感的地方。例如適合朋友聚會的人文咖啡廳，或是巷子口的小店──不是靠大招牌吸引客人，而是大家口耳相傳的店家。

聖杯 6 在愛情上面，是相當念舊知足且珍惜對方的，類似

大茂黑瓜廣告中老夫老妻的感情。如果還沒有對象，6 代表很熟悉的人、親近的對象，你會比較適合找以前就認識的人，例如前男女友，或是以往的同學，總之你們要有共同的經歷、理想，或者共同的價值觀。

　　建議抽到聖杯 6，這時候適合找舊識幫忙，以前的朋友、以前公司的長官、老闆都算是舊識。

數字 6

圓盤 6
Success

牌名：成功

星座：月亮在金牛座

─────── **牌名釋義** ───────

　　雖然牌名是「成功」，但就事業來說，不是登上商業周刊那種大紅大紫的類型，而是低調沉穩，且在業界也享有不錯的名聲。生活品質優渥，魚與熊掌都能兼得，有充足的金錢和時間培養自己的興趣；與人的相處，家庭也好，朋友夥伴也好，都能感到愜意圓滿。不過這種成功是很均衡的，並沒有哪一方面較為突出。

圖像與色彩

圓盤 6 代表各個領域重疊在一起且達到了平衡，可能是指圖中的六個小圓盤，或是背景的四大藍與兩大紅圓盤。小圓盤裡的占星符號象徵各個領域的優點與成功，雖然沒有哪一項特別拔尖，但都可以維持在前段班，就好比學期總成績，每一個學科都是第三名，不過總分也是第三名，不會是第一名。

深藍色與深紅色象徵基礎紮實、實力雄厚；尖角分別往六個方向延展最終達到了平衡。有的人事業成功但家庭不和諧，有的人家庭美滿但事業不順心；有的人賺了大錢卻始終沒沒無聞，圓盤 6 所象徵的，就是一切都很好，不論家庭、事業、名聲都樣樣俱全。六個錢幣內的行星符號，表示全面性成功，只是也沒有會引起討論話題的頂好或頂壞，樣樣都維持 70 分。

占星意涵・月亮在金牛座

月亮是一顆沒有安全感的行星，但落入金牛座就會穩定下來。金牛座是土象固定宮，占星學中，月亮落入金牛座的通常是有錢人，所以圓盤 6 的財運，通常不會太差。

工作方面，圓盤 6 代表穩紮穩打、資源豐富、底子紮實，歷練過各部門，具備一定經驗且常識豐富；或者是工作方面已經很穩定了，往來的廠商也很固定，不用再去拓展業務。在人

際關係上，數字 6 本就很好，圓盤 6 更代表擁有紮實的人脈和穩定的交際。

愛情上，圓盤 6 代表感情深厚，在各方面都非常依賴、互相需要，已經超脫愛情，比較像是生命共同體。如果問卜者是單身，代表自己一個人也可以過得很好，生活模式固定，沒有特別需要感情，照常過日子就能夠滿足。

如果在「問題點」抽到圓盤 6 的話，代表整體沒有特別突出的地方，但也可能是找不到焦點、重點跟核心問題。建議做一些事情拓寬你的生活圈，例如旅行、參加讀書會結交新朋友等等。

「建議」抽到圓盤 6 時，你可能會想等待好的對象出現替你增色，但應該先問對哪個方面不滿意，若工作不滿意，那麼就先搞定工作，男朋友接著就會出現了。因為事情是對稱的，那個「他」只是生活中的一部分，你必須先讓生活其它部分變好了，好對象才會跟著來。

數字 7

　　如果說 5 是渴望獲得外在認同；6 是安心知足，同時被大家認可；那麼 7 就是即使已經獲得認同，並繼續挑戰學習，絕不滿足於現狀的代表。數字 7 和木星有一點像，對自己標準極高，一心希望可以更突出，生活更豐富，明知過程不會太輕鬆，也會努力更上一層樓。這也表示 7 不會輕言放棄，是相當執拗的數字。

魔杖 7
Valour

牌名：英勇

星座：火星在獅子座

────── **牌名釋義** ──────

魔杖 7 連結到火星，牌名叫「英勇」，但火星跟太陽的英勇不一樣，火星是行動派的，面對越困難的事情，力量越會被激發出來，帶著越挫越勇和豁出去的特質。

────── **圖像與色彩** ──────

托特的魔杖 7 從魔杖 6 淺紫色的背景變成深紫色，代表更為尊貴、強大的力量，擁有深層智慧底蘊。在原本魔杖 6 的排

列組合不變，但是中間多了一根不規則的魔杖，奇形怪狀的外型代表新生、尚未被琢磨過的隱藏力量。六根杖表示你對自己的實力很有把握，第七根杖顯示出你無所畏懼，不怕挑戰的精神，除了已經擁有的技能，還計畫要發展出新的路線。

─────── 占星意涵・火星在獅子座 ───────

火星的個人能力很強，一向擅於單兵作戰，以實力凸顯自己；獅子座同樣也是樂於表現自我的類型，所以整體而言，魔杖 7 有點個人英雄主義，享受光芒榮耀聚焦在自己身上，較不喜歡與人合作。與魔杖 6 相比，魔杖 6 對他人的讚美還會客套一番，回「沒有啦，這沒有什麼。」魔杖 7 則會理所當然地回「這只是小菜一碟。」魔杖 7 本身就很想要當英雄，所以會主動出面解決一切困難，就像超人從天而降解救大家一樣，可說「一夫當關，萬夫莫敵」。

數字 7 本就有初生之犢不畏虎的意涵，工作上的魔杖 7，是一旦開始執行一件事情，就不會考慮太多周圍因素的類型，而是會窮盡各種辦法達成目標，所以在別人眼中可能會顯得有點愛現，以及個人英雄主義。魔杖 7 尤其喜歡迎難而上，樂於挑戰困難、麻煩的工作，對他來說不是人人都可以完成的項目，做出來了才有證明自我的價值。有時候甚至會自己製造問

題挑戰自我。這類「非我不可」的工作，可以滿足魔杖 7 的成就感，不過有時候也會讓人覺得精力過於旺盛。可以將這張牌比喻成 30 歲男生考慮換跑道、找新工作的心態，雖然舊工作沒有不好，一直做到老也可以領退休金，但還是想要嘗試一點新的東西。

魔杖 7 的愛情也比較偏向個人主義，有些女孩子特別喜歡這類型的男人。如果個人抽到魔杖 7，表示對於想追求的對象信心十足，不管出現什麼阻礙都會努力克服，而且旁人越反對，他越不會放棄。魔杖 7 若出現在兩人之間，代表愛情正面臨了一些狀況，有許多事情等著你去克服，必須拿出很大的信心跟勇氣，否則會過不了這一關。

「建議」抽到魔杖 7，代表你不用考慮可能的損失，盡量往前衝，因為損失有時反而是帶來經驗，可以轉變成收穫。

数字 7

寶劍 7
Futility

牌名：徒勞無益
星座：月亮在水瓶座

———— **牌名釋義** ————

牌名「徒勞無益」並不是說要換目標，而是指如果按照目前的做法進行下去，即使是往正確的方向前進，卻還是一直有聲音說「放棄吧」，或者出現其它機會和想法，使得當下的做法沒有實質意義。因此你要改變的，不是目的，而是方法。

———— **圖像與色彩** ————

灰色的劍壓在淡藍色背景上，象徵憂鬱壓過了思考。寶劍

1 ——也就是中間的那把劍，雖然清楚明確表示出目的與最終結果，但是其它六把不同劍柄的小劍，全都刺向寶劍 1，代表明知道目標在哪裡、應該要做什麼事，但就是會一直被打斷。牌圖背景不對稱的碎片，以及六把小劍上的行星符號，代表干擾你的障礙，可能是自己的其它想法，也有可能是旁人的建議，例如可能有人會說「那條路好像不太通喔！」建議你換條路走。

———— 占星意涵・月亮在水瓶座 ————

水瓶座是思慮清晰的星座，月亮朦朧不清，月亮入水瓶會干擾原本清明的思路而開始多思憂慮。就好像呈現在眼前的，明明是一條康莊大道，但是你卻覺得不該只有一條路，非得花精力找出其它的路，最後反而分散力氣，徒勞無功。

抽到寶劍 7 代表你只要改變做法就好，因為照現行的方法走下去是徒勞無益的。7 是一個非常需要努力往上的數字，但是被風元素干擾，就會老是想著要打退堂鼓或是尋找捷徑，然而一旦抄捷徑，前面走過的路都會變成白費力氣。

寶劍 7 可以解釋成想太多，導致該做重點的沒有做，總是抓小不抓大，花費力氣在修改枝微末節。工作方面遇到瓶頸，很容易放棄或是只想找捷徑，而不是正面解決問題。愛情上，

寶劍 7 則代表不果斷，遇到對的人抓不住，遇到不對的人又窮耗時間，最後什麼都沒有。

　　「建議」抽到寶劍 7，很多事情可以用簡單一點的方法處理，不要想得太複雜。這張本身就是走捷徑，就算找別人幫忙也沒什麼好丟臉的。然後挑定了一條路就不要變來變去，專注地往那條路走，你要挑最聰明最快速的方式處理問題。

聖杯 7
Debauch

牌名：放縱

星座：金星在天蠍座

────── **牌名釋義** ──────

7 是想要進步與更上一層樓的數字，但水元素喜歡幻想，缺乏執行能力，往往會陷入自我安慰與催眠，覺得自己現在這樣就已經不錯了；或者把時間花在說服別人，就像老王賣瓜，自賣自誇，安於現狀，而不是花時間讓自己實際變得更好。牌名所謂的「放縱」，就是指這種沉淪其中的意思。

—— 圖像與色彩 ——

蓮花下垂，本該要流動的水變成綠色黏液，下方的池塘也從活水變成一灘泥濘，窒礙難行，但這是因為你被關在自己建造的牢獄裡，你以為自己在享受它，認為它是最好的，躲在自己的謊言內，走出不去。

—— 占星意涵・金星在天蠍座 ——

金星喜歡有人陪伴，大家一起好好過的感覺；天蠍座掌控欲強，有時候會顯得需索無度，金星要的還不到天蠍的程度，如果以交往關係來說，金星是牽手、接吻，但天蠍就是性，金星進入天蠍，代表慾望擴大，變得無止無盡的貪心，展現出深陷其中、無法自拔的沉淪。

工作上顯得沒有自制力，例如明明知道準時到公司，才能維持良好的形象與工作計畫，但就是無法遵守時間。或者是明明知道必須去進修補強自己，但就是無法提振精神，不斷替自己找藉口，或抱怨時間不夠、工作環境不好、身心俱疲等等。

愛情上則是自欺欺人的類型，容易沉溺在偶像劇的世界，或是陷入「愛上壞總裁」小說裡的情境，卻認不清現實，或許當事人也不知道對自己來說，真正重要的東西是什麼。抽到聖杯 7 的人，很多都是在跟自己的幻想談戀愛，無論受到什麼樣

的對待，都會沉浸在腦內小劇場中難以清醒。

　　如果是「建議」抽到聖杯 7，那你可以感性一些，允許自己的想像空間，不要實事求是這麼理性，先不要想結果，因為它就是「放縱」，建議你投入這個狀態，畢竟，有時候不發點神經，就沒那麼容易進入狀況。

數字 7

圓盤 7
Failure

牌名：失敗

星座：土星在金牛座

牌名釋義

雖然是「失敗」，但並不代表就此一蹶不振，毫無翻身機會。用財富來比喻的話，錢財皆身外之物，錢花光了並有關係，重要的是，自己還有賺錢的能力，依舊有東山再起的機會。所以抽到這張牌也不用過於緊張，就是李白的那句「天生我才必有用，千金散盡還復來。」

圖像與色彩

色彩上可以看到從圓盤衍生出來的樹葉都枯萎了，但是圓盤又帶一點粉紅色，表示還是有生命力在裡面。也就是說，即使七個圓盤被鎖死了，但圓盤本身的生命力還在，所以即使「失敗」了，也並沒有到絕望的程度。壞死的枯葉與枝幹，不如直接清除，讓新的生命有機會吸收養分成長茁壯。就像植物會隨四季輪轉一樣，「落紅不是無情物，化作春泥更護花。」那些已經失去的或者失敗的，只是一些末端的東西，並不是最終結局，還可以重新來過。

占星意涵・土星在金牛座

7 是往上成長發展的數字，但是土元素會限制住 7；金牛雖然走得緩慢，但還是有在移動，是有進度的，但土星等於是一塊大石頭，直接阻擋了你，已經很慢了，又加上阻礙拖住你的速度，所以很多事情都生長不出來，時機一直錯過。土星的障礙是很大的，很難排除。

圓盤 7 在工作方面，可能會遭遇重大變故，或者是累積多年的經驗與資源，一夕之間都派不上用場；或者是努力多年的事情，最後卻毫無意義。例如長期從事一個行業，但這個行業本身已經走到末路，即使你努力累積了許久，到最後卻沒能施

展所長，想要往上爬卻爬不到頂端，只能另外尋一個地方從頭開始。就像有許多人花時間去考試算盤檢定，但是通過了以後，計算機就發明了。雖然已經學會的珠算能力無用武之力，但你核心的「學習力」並不會因此消失，還是可以再從頭學習別的東西。

愛情上，代表已經付出的，到頭來是一場空，沒有任何收穫。過去做錯了許多決定，現在必須從頭再來，重新建立新的價值觀跟信念。如果是經營很久的關係，愛情長跑十年，最後可能會以分手收場。

偉特的錢幣 7，是要澆水，讓園圃長大，雖然速度慢，但是他在思考要種成什麼樣子，而且還是有成長，但托特的圓盤 7 直接代表因為失去時機而失敗。不過，托特其實還是有轉機的，因為圓盤中間是粉紅色，代表還是有生機，只是要把那些枯枝殘葉全都砍掉。

數字 8

　　8 的格局是數字 4 的兩倍，比 4 更固執、更穩定，成就也會比 4 還高。所以 8 代表的是權勢地位，擁有豐富的資源和財富。8 可以看成華人的「發」來看待，代表很多東西都醞釀很久，像石油、寶石，都是在地下醞釀很久，但一出來就很高價。8 是源源不絕供應的能量，若是積極元素（火、土）的 8，能力、資源多那再好不過，會一鼓作氣；但消極元素（風、水）的情緒、思緒累積多了，會越來越分散注意力，讓你越來越消極，越來越淒慘。

數字 8

魔杖 8
Swiftness

牌名：迅速

星座：水星在射手

────── **牌名釋義** ──────

雖然牌名是「迅速」，但不代表流失，他的目標雖然很多，但每個都會花心力下去，用飛快的速度完成，最後每個目標都會達到。

────── **圖像與色彩** ──────

上方的彩虹代表成功與願望成真。牌面中間是兩個結構扎實的立方體，代表基礎非常穩固，從固體裡爆發出的能量是非

常強大的，因為能量本來就要蓄積很久，濃縮到最後才會變成實體。八個紅色箭頭由中心向外指向八個方位，這八個箭頭並非雜亂無章，而是有明確目標，就像追蹤導彈會往特定方向行進。而他背景很清淡，就代表只鎖定他的目標，其它事情他都不在意。這張牌象徵累積已久的力量終於爆發出來，像作家拖稿許久，在最後一個月內文思泉湧，一鼓作氣完成。一言以蔽之，就是「十年寒窗無人問，一舉成名天下知」。

─────── 占星意涵・水星在射手 ───────

水星轉動很快，射手座也是變動星座，加上穩固的數字8，代表能一心多用，或是有很多創意跟想法，可以同時進行並完成好幾件事情。

魔杖 8 在工作上代表爆發力很強，工作環境資源豐富、人力充沛，一聲令下大家就會集結合作，開始動工。也可能是工作上很有貴人運，本來要花長時間慢慢完成的事情，在一瞬間就完成了。過去長期累積的實力，一次顯現出來，或是同時完成許多事情。

戀愛的話表示願望成真，可能是追了很久的人終於在一起了；或者是談了很久的戀愛，終於有進一步發展。但也有可能是有了其它目標，想要再多看看、嘗試不同的事物，那就必須

先結束目前的關係。所以願望成真的另一面，有清算的意味。可能是追一個人追了很久沒有下文，因而決定放棄；或者是與伴侶之間長久存在的問題，終於要攤牌説清楚，例如要結婚或是分手，終於下定決心做一個決斷。

　　魔杖 8 的時間感很強烈，建議抽到魔杖 8，代表一鼓作氣把要做的事情都做完，而且速度要快，不要浪費時間在不需要的東西上面。

寶劍 8
Interference

牌名：干擾

星座：木星在雙子座

────── **牌名釋義** ──────

「干擾」牌的意思是，他的想法太多，把心力放在一些不那麼必要的東西上面，忽略了真正重要的主幹。很多事情一開始是對的，但流言蜚語太多，最後導致做出錯誤的決定。寶劍 8 是寶劍 7 的加強版，你可能已經很忙了，卻又搞不清楚重點，因此瞎忙一場。

———— 圖像與色彩 ————

兩把細長的寶劍在上，但是壓不住底下歪七扭八的六把劍，整體看來相當混亂。六把劍意味外在的干擾訊息，可能跟你的想像完全無關但卻奇奇怪怪的，或來源不清不楚的謠言。背景是海底輪的顏色，代表衝動卻茫然，不知道該往何處去。

———— 占星意涵・木星在雙子座 ————

風元素代表混亂，8 代表累積過多的混亂，加上雙子座的思想本就相當複雜，木星又擴大了這個性質，強化複雜程度，搞得一切更混亂，有時候會顯得是在胡思亂想。

工作上，寶劍 8 會面臨多方干擾、權責劃分不清的處境，導致自己一直疲於彌補修正，往往是瞎忙一場。工作場所裡，如果大家的責任義務範圍，沒有在一開始就劃分好，或總是在幫別人擦屁股，自己的事情反而會沒有時間做。不僅是同事之間，上司也有可能是你白忙一場的原因，像是老闆朝令夕改，就必須花上大把時間修改報表，因而無暇面對正事。整體看來，就是總有一些奇怪的事情在消耗你的時間，忙了半天卻沒有完成什麼事。

愛情上，寶劍 8 代表流言，例如男朋友以前做過什麼不太好的事情，被認為是個如何如何的人；或者看到他跟別女生狀

似親密地走在路上、聽到關於他的負面消息⋯⋯這一類奇奇怪怪、關於「人格」的閒言閒語。也有可能聽到「他配不上你」、「他學歷太低」、「他跟你走在一起一點都不搭」這種貶低對方的言論。雖然我們都知道感情的重點並非在於外表、背景或過去，但是干擾牌的意思就是道理人人都懂，卻還是會被次要的東西干擾。

「建議」出現寶劍 8 的話，最好替自己找一些預備的方向或者是專長，不能再死守腳下的方寸之地。寶劍 8 的牌義，代表你沒有辦法專注在主要道路上，所以「建議」抽到寶劍 8 時，可以「適當」分心一下，精神不要太過集中，否則路會變窄，反而變成是故步自封。

數字 8

聖杯 8
Indolence

牌名：怠惰
星座：土星在雙魚座

────── **牌名釋義** ──────

　　水元素大量累積起來本意是好的，但若是沒有流動，如同內心沒有成長，轉而用外在的東西來表現。8 是 4 的兩倍，封閉性質也是 4 的兩倍，聖杯 4 的「奢華」已經有點懶洋洋的味道，到了聖杯 8 則是連外在的東西都無法滿足，覺得一切都沒有什麼意義，因而厭倦，表現得更加怠惰。

———— 圖像與色彩 ————

珊瑚色杯子是帶有夢想的，雖然將深綠色背景呈現出的窒礙難行之感，掩蓋在後面，但杯中只剩下一點點水，下方的源頭也變得乾枯。這代表以前曾經有過水，有過夢想與希望，但是現在怠惰了，覺得提不起勁。沒有流動的水，意味著已經沒有什麼可以滿足你了。

———— 占星意涵・土星在雙魚座 ————

雙魚座是充滿夢想與流動性的星座，柔和且充滿可能性，但是在這裡卻被象徵限制、阻礙、定型的土星壓住了。

曾經對工作的熱情已經熄滅，自己的腦袋好像被掏空了似的；或覺得工作一成不變，已經學不到什麼東西了。建議你大可以充充電，活動活動筋骨，找回遺失的熱情，以免一直懈怠下去。

聖杯 8 對愛情有一種無力感，曾經深愛過，現在卻感到倦怠，覺得新鮮感不再。對方已無法讓你動心，卻不知道要怎麼做，彼此變成只是生活的一部分而已。如果感情運勢抽到聖杯 8「怠惰」，表示想找到讓你動心的人不是太容易。此牌在這裡可以解釋成，眼前的對象都是一些早就應付過，但都不適合的人。一而再，再而三，既沒有新鮮感也找不到愛情的感覺。

　　「建議」抽到聖杯 8，代表你現在想要的東西不是你真正需要的，也不是你喜歡的，建議你放下一切，朝自己喜歡的目標前進。

數字 8

圓盤 8
Prudence

牌名：謹慎

星座：太陽在處女座

───────── **牌名釋義** ─────────

牌名「謹慎」代表每一件事情都有特定的規律，必須照規矩來，才會得到好的結果。只要按部就班，就可以讓事情朝你想要的樣子發展。雖然跟圓盤 4 有點像，但圓盤 8 的格局更大，如果按部就班，可以得到的結果更多、成就更大。

───────── **圖像與色彩** ─────────

紫色在這裡有瘋狂跟夢想的含義，每一朵紫花都被包在綠

葉之下受到保護，且花葉兩兩對稱非常整齊，表示是定期修剪，受到細心照顧的。土元素象徵植物的生命力，圓盤 8 也有持續長遠的生命力之意，那不是爆發的力量，而是植物獨特具有韌性的生命力。這張牌代表想法很多，又有土元素和數字 8 的加持，意味著這些大膽的創意，需小心翼翼才能實踐完成。

──────── 占星意涵・太陽在處女座 ────────

太陽有雄心壯志，但處女座比較小心行事，太陽的宏大理想配上處女座小小的格局，要小心的做事，牌名才叫做「謹慎」。如果單純是土元素，我們會覺得錢財、物質很多，但這裡摻了變動星座處女座，處女座由水星守護，代表能把資源做妥善分配，盡量讓手上的金錢、資源流動，會有更多的收穫。

在工作方面代表努力不懈，注重每一個小細節，同時又低調穩重，話不會講得太滿。代表瘋狂夢想的紫紅色花朵，都是藏在檯面下的，個性上有什麼說什麼，不會吹牛。8 又強調了這個特質。

在愛情方面考慮得很多，非得確認每一個細節都吻合才行，是相對謹慎的類型。例如對方的個性是否適合、價值觀是否一致，在兩人的相處中都會一一考慮；通過自己的審核之後，再進一步跟對方父母相處看看。所有的一切都是一步一步

走來的，沒有把握前不會進行下一步。圓盤 8 的愛情是慢慢累積經營起來的。

「建議」抽到圓盤 8，代表你有很多雄心壯志，但你必須把雄心壯志放到顯微鏡底下看看，才會發現真正該做的事是什麼，不要一下子太大手大腳，這樣反而容易失敗。請適時地鎖定焦點。

數字 9

　　9 是個位數的最後一個數字，正處在臨界點與轉化點，此時各元素被推到頂峰狀態，甚至比 10 更加強勢。我們都説九五之尊，9 是最崇高的境界。10 反而是二位數的第一個數字，從 1 開始，後面又有 0，力量反而沒有 9 強。我們能發現積極元素、陽性元素火跟風，到 9 跟 10 都弱下來了；但消極、陰性元素水跟土的累積性比較強，到 9 跟 10 反而會越來越豐富。

數字 9

魔杖 9
Strength

牌名：力量
星座：月亮在射手

─────── **牌名釋義** ───────

　　因為四周的各種壓力，你會看到八支黛安娜之箭被一根杖子壓在下方。黛安娜是月亮之神，但因為自己的努力，月亮上升到成為太陽，這也是為什麼很多人誤解這張牌的占星符號是太陽在射手的原因，它本質是月亮，只是經由自己突破，轉化為太陽。

———— 圖像與色彩 ————

四周一片黑暗，但中間的權杖是紅色的，代表衝勁很強的力量，顯示周圍的狀況越不好、越四面楚歌，越能把他的潛力逼出來。我們能看到圖面雖然有太陽和月亮，但牌面的重點是月亮，而非太陽，這裡的月亮最終會突破所有的考驗，變成太陽。過程中那些不好的、打壓你的東西，是用來激發自己的潛力的，在我看來，魔杖 9 是潛力大爆發的牌。

可是魔杖 9 在逆勢中突圍而出的能力比魔杖 7 還要強大，可謂越冷越開花。魔杖 9 是激發潛力牌，即使周圍狀況百害無一利，此時反而會被激出爆發力，放手一搏，做出以往都沒有的成績。

———— 占星意涵・月亮在射手 ————

直覺式塔羅牌書裡面寫這張牌是「太陽在射手座」。但是根據行星尊貴法則和線上托特之書，魔杖 9 其實是「月亮在射手」。那為什麼牌圖會有太陽呢？射手的範圍是很大的，月亮是格局非常小的，要把月亮的小格局擴張，就只能透過射手座多方涉獵知識，多元進行，才能慢慢把自己擴大，變成太陽。

那為什麼會加上一個太陽呢？這是因為火元素被逼到極致，如不轉化就會消逝陣亡，轉化期激發了無窮潛力，可以看

到牌面下半部，射手座符號上方本是下弦月，通過紅杖之後升級成太陽了。

工作上魔杖 9 表示環境艱困與不好的福利，但可以從中磨練出工作意志與堅定的態度。一開始你會覺得自己接到的工作都不重要、很瑣碎，很多人都在打壓你，形成你的阻礙，你必須完全照著自己的力量單打獨鬥，過程中沒人能幫你，也沒有資源，非常慘，只能靠自己的意志力突破困境，但最後你會把自己的能力爆發出來，

有人問為什麼火到 9 的時候為什麼沒有資源，因為火是沒辦法共存的，會把累積起來的東西當成燃料，自己燒掉，只剩下意志力，憑著一口硬氣在撐。

魔杖 9 在感情也會受到很大的挑戰，可能會感到無力衝破關卡，或者說覺得兩人的感情現況就是得撐著，外在的問題諸如經濟狀況、周圍環境等等，都必須守住最後一分力氣撐下去。感情上四面楚歌，但還是想繼續在一起，不願放棄。跟魔杖 7 比起來，魔杖 7 是打仗打得興高采烈、鬥志高昂，魔杖 9 則是不得不打。

「建議」抽到魔杖 9，就是要你撐到最後，如果你中途放棄，就什麼都沒有，如果撐到最後，什麼都是你的。

數字 9

寶劍 9
Cruelty

牌名：殘酷

星座：火星在雙子座

──────── **牌名釋義** ────────

設想一個情況：你賺不到什麼錢，這是不爭的事實。旁人說起這件事情的時候，你會如何應對？有的人會自卑自憐，或是乾脆破罐子破摔，雙手一攤你奈我何。寶劍 9 是會用激烈的言語貶低自己，但同時也在傷害對方，諸如「我就是沒有用，才會賺不到錢」、「我這輩子就是這樣沒有出息了，沒有人會像我這樣」、「只有我會給爸媽惹麻煩」之類的言論。

───── 圖像與色彩 ─────

牌面的九把劍柄通紅，滴著血的寶劍，意味著這九把都是具有傷害性的劍，血滴狀代表傷心，背景的水滴狀則可視為淚水。但寶劍 9 的背景很清淡，代表實際上也沒發生什麼事，發生的事情都是在你頭腦裡的，別人也沒有來干擾你，從殘缺的寶劍可以看出，會這麼害怕，是因為自己內心的想法有一點點偏差。

───── 占星意涵・火星在雙子座 ─────

火星代表衝動，是搞出一齣又一齣混亂戲碼的行星。火星進入雙子，等於讓這種破壞性格進入我們的思考系統，使心智產生了如同刺蝟的攻擊性防備，帶來負面的想法和情緒。

寶劍 9 沒有工作跟愛情之分，只要某件事情讓你焦慮不安，就會感到全身都不對勁。但其實是你自己把自己困在圍牆裡面，拋開這些想像，其實什麼事情都沒有發生。也許是因為第一印象，或過去的經驗陰影，才會覺得很恐怖，有點自己嚇自己，他人也是正常應對而已，外在其實還是風和日麗的。

抽到寶劍 9，我會覺得可能當事人有一點憂鬱或躁鬱症，因為其實外在沒有發生什麼事，但當事人腦子裡想得風風火火，或許真的有必要掛精神科。這階段或許很痛苦，但你還是

要撐過去，因為度過它，你才能發現光明的一面，一定要去經歷，才會知道自己的心魔是什麼，知道這段經歷要你成長的是什麼。

塔羅牌裡出現「塔」、寶劍 3、寶劍 9 都會讓我特別警戒，塔是代表這件事要發生就一定要發生了，沒人可以阻擋，你只能收拾善後；寶劍 3 和 9 都是指當事人心理發生的痛苦，你沒有辦法幫他排除或解決，一切都只能靠他自己，靠自己其實是最難的，因為你沒辦法說動他，在一旁也施不上力。

如果是「建議」出現寶劍 9 的話，代表不要把煩惱壓抑下來，應該要開誠布公。例如自己的小孩對未來沒有想法，缺乏上進心，這時候要做的，不是在背後幫他，反而可以刻意放縱他、餓他一陣子，讓現況出現混亂，再來思考對策。

數字 9

聖杯 9
Happiness

牌名：幸福

星座：木星在雙魚座

─────── **牌名釋義** ───────

　　這裡的幸福是他所想要的東西都擁有了，長久以來希望的東西也得到了，但不好的地方是焦點都放在自己身上。1 和 9 都有獨立的意思，到了 9 這個階段，什麼事都在自己身上成就了，自然會覺得幸福。不過自己感覺幸福，不代表周遭的人也跟著幸福。聖杯 9 的幸福有點自我催眠、自我滿足，不像 10 是真正的圓滿。也許整件事並不那麼完美，但對聖杯 9 來說，只要他在意的這塊足夠好就好，其它事情他並不那麼在乎。

———— 圖像與色彩 ————

9個紫色聖杯代表多個夢想，黃色的水表示這一切正處於高潮，就像跨年煙火在進入尾聲前，百花齊放奼紫嫣紅，照亮夜空如白晝，光華萬丈，情緒當然也是快樂的。

———— 占星意涵‧木星在雙魚座 ————

魚兒是喜歡飄來飄去，樂觀有夢想的星座。在工作上，聖杯9代表籌備已久的夢想終於得以實現，獲得最高的成就。感情上是終於擺脫「友達以上，戀人未滿」的尷尬點，覺得不管過去未來，都不可能再更幸福了。那個迸發火花、心弦被撥動的瞬間，可能是告白成功的那一刻，或者是在眾人的祝福下結為夫妻的那一刻。一眼萬年，瞬間即永恆，縱使眨眼即逝，那也是一種轉化。

愛情上抽到聖杯9，代表期待的事情發生了，或許你告白成功，或者跟喜歡的人在一起。如果是在穩定關係抽到聖杯9，就是非常沉醉在這一段關係的感覺裡，你會發現談戀愛的人都是這樣，「我就是世界上最幸福的人，非洲兒童飢餓那沒什麼啦，小動物受難不是有人成立機構在救援嗎？世界都會好起來的！」

在工作上也是這樣，現在已經夠好了，已經不用再多做突

破了。

　　「建議」抽到聖杯 9 的話，就別再東想西想、瞻前顧後了，現在有什麼值得享受的事情，就全心投入吧。

數字 9

圓盤 9
Gain

牌名：獲得

星座：金星在處女座

──────── **牌名釋義** ────────

如同前面說過的，9 是最後一刻的臨界點，在這裡土元素是物質，物質到了臨界點就是成熟的那一刻，所以稱為「獲得」，表示這一切都是經過長久努力之後的豐收，且不會只有一次收穫，而是可以長久持續下去。

──────── **圖像與色彩** ────────

圓盤 9 的顏色很多，九個圓盤都是複合色而非單一顏色，

代表是多層次的豐富，有許多經歷心得，融合起來才會產生最後的結果，好的事情同時發生在你身上。你會發現他的顏色都是大地色系，這代表現在的成就都是慢慢累積起來的，而非突然發生，所以才會叫做獲得。

──────── 占星意涵・金星在處女座 ────────

圓盤 9 是金星在處女座，金星代表財運、好運，處女座是很嚴謹的星座，遇到金星肯定會嚴防死守。工作上圓盤 9 代表已經很資深了，薪水與名聲都有一定的地位，不需要離開現在所在的地方。目前的成就都屬於個人，而不是眾人的大成就。不過即使自己的薪水高、頭銜好，換個角度來說，也可能代表並沒有創出什麼新的局面。

愛情的話，兩人之間的關係如果是圓盤 9，代表默契十足、時機成熟，但並不是說已經獲得大家的認同，而是在一個小小的範圍之內，兩人的默契與相處成熟度已經達到最好的契合，可以考慮下一步了。以結婚來說，可以考慮共組家庭，但還不能真的付諸實行，目前的契合只是兩人之間，雙方的家庭還需要更多相處來熟悉彼此。

單身、正在尋覓對象的人如果抽到圓盤 9，代表你已經等了這麼久，心智、經濟等等因素都具備了，終將等到一個合適

的人，精挑細選，終於遇到可以和你發展長久穩定關係的人了。這跟偉特不一樣，偉特錢幣 9 是把自己得到的東西，全部框進自己的世界裡面，外人難以加入這個世界，因此也沒有什麼桃花運。雖然圓盤 9 目前沒有什麼大桃花，但是指日可待，只是暫時沒有罷了。這也代表必須經過長久的努力與等待，才會獲得某一些感情。

　　抽到圓盤 9，就是要你耐著性子等，但不要只是等，還要邊做自己該做的事，這樣你所希望的成果才會出來。

數字 10

　　10 是亢龍有悔，一如《易經‧象》所說的「『亢龍，有悔』，盈不可久也。」各項元素在 9 的時候攀上顛峰，此時又收回來，進入另一個境界。以靜態結構來說，數字越多越好，但耗散結構累積的數字越多，損耗得越厲害。10 跟數字 9 一樣，幾乎已經耗盡所有能量，最終毀滅，重新開始，因此毀滅在這裡反而是一件好事。

數字 10

魔杖 10
Oppression

牌名：壓力
星座：土星在射手

──────── **牌名釋義** ────────

　　火是非常需要外向的元素，但我發現火一旦遇到偶數牌，就會沉寂下來，其實他本身也有累積、準備的，可是被外界的力量壓下來了，導致自己想分享、展露的東西，是沒辦法拿出來，就是英雄無用武之地的意思。

──────── **圖像與色彩** ────────

中央兩根灰色魔杖代表環境的慣性，壓在橘黃色背景和八

根小杖上。橘色是進入團體的能力，黃色代表自身意志，被魔杖壓在底下的橘黃色背景表示與各界關係都被壓制了，可能是外在言論，例如被「大家都這麼說啊」或是政治正確的議題帶著走，想表達自己的想法，卻沒有方法管道說出口。

魔杖 5 雖然也是上面壓了一根杖子，但可能是稍微壓一下，吵一吵就過關，但魔杖 10 的壓力可能非常久，無法掙脫，可能是一輩子或半輩子，除非你逃離這個環境，才會有轉機。

──────── 占星意涵・土星在射手座 ────────

10 是一個封閉的數字，火元素被壓抑在一個封閉圓圈裡。射手座代表自由發揮、探索新知的能力，土星代表傳統價值觀，這兩個相反的特質會彼此限制，土星會壓榨與限制射手座的自由。

工作上，魔杖 10 代表壓抑、出不了頭，或者能力明明很好，資歷也足以升遷，卻屢屢被打壓。例如在家族企業裡，就算自己表現傑出，也難以獲得升遷的機會。或想做的事情受到傳統或長官的拒絕，你想要做什麼，可能都不被同意，而且還要被逼著做你不願意做的事。

感情上的壓抑有兩種可能，一種是有許多不滿，但是都不敢爆發；另一種是有深刻的愛戀卻無法表達。有可能你有喜歡

的人，但本身已經有婚姻了，或是和戀愛對象門不當戶不對，家族反對彼此結合，也可能是世俗價值無法認同你們。而且你要面對的反對聲浪都很大，沒有辦法輕易解決。在婚姻中，也有可能代表不孕。

　　建議抽到魔杖 10，是代表你想要的東西要盡力壓制下來，因為這個東西可能對你而言沒有好處。

數字 10

寶劍 10
Ruin

牌名：毀滅

星座：太陽在雙子

────── **牌名釋義** ──────

　　寶劍 9 已經是煩惱到最高點了，寶劍 10 名為「毀滅」，簡單來說，一個人煩到最後，不是崩潰就是大徹大悟，都是某種程度上的「毀滅」。崩潰的情形會是「我完了，這輩子完蛋了，變成廢人了」，身心性靈全都喪失鬥志。但換個角度，有時候什麼都不想了，反而有可能帶來新生。

圖像與色彩

托特的毀滅跟偉特的寶劍 10 看起來都很慘，不過都不是不好的意思，仔細觀察，偉特雖然躺在沙灘上，但後面有一線曙光出現了，托特也都是紅跟黃的牌面，是下三輪的顏色，代表力量還是很強韌的。也許徹底毀滅之後，反而置之死地而後生，實力有機會發揮出來。

占星意涵・太陽在雙子

很多人會疑惑為什麼太陽在雙子是毀滅？雙子是變動星座，很容易被腦中紛紛擾擾的想法綁架，太陽在雙子，代表這些胡思亂想都被照亮了，突然明白自己想那麼多都是沒有必要的，此時會突然想把以前想過的東西通通刪除，重新格式化。

寶劍 10 在工作和愛情上的意思一樣：一切都無可挽回了，或是想開後，發現一切事情都不用擔心。一般來説，只要有機會煩惱，表示事情都還有挽回餘地，但在寶劍 10 這裡，是事情已然呈定局，一點轉圜餘地都沒有，既然這樣煩惱也沒有用。

有句話説「不會發生的事情幹嘛煩惱，會發生的事煩惱也沒用。」建議抽到寶劍 10，就是把一切都放掉，這些你重視的東西，對你來説並不是這麼重要，畢竟風元素都是頭腦裡亂想出來的東西。

數字 10

聖杯 10
Satiety

牌名：滿足

星座：火星在雙魚座

---------- **牌名釋義** ----------

　　從聖杯 9 的「幸福」到聖杯 10 的「滿足」，這兩張牌有連續性。聖杯 9 往往代表結局前最後的高潮，聖杯 10 則是經過高點之後，細密如春雨那樣溫潤地收尾。就好比感情經過最初的熱情後，已經內化成彼此生命的一部分，是一種安全感，所以牌名是「滿足」。

—————— 圖像與色彩 ——————

背景是橘紅色，代表身邊的人都過得很好，而在聖杯 10 這裡都昇華成聖光了，十個金色杯子裡盛滿聖光，代表內心對一切都感到相當滿意，杯子裡水源充沛，什麼都不缺了。但壞處就是有一點無聊，因為沒有什麼可以挑戰的地方了。

—————— 占星意涵・火星在雙魚座 ——————

火星是代表慾望的行星，進入雙魚座，就像慾望沉到海底，火都滅掉了，表示已經沒有野心了。但一方面也因為什麼都得到了，自然不會貪求、妄想什麼，所以火也沒必要燒了。

工作上抽到聖杯 10，代表達到最大值的舒服穩定，也許之後不會再有更大的成就。畢竟水元素來到 10，象徵經驗累積很久，什麼事都可以不經思索地把它完成，只要按部就班，就能取得豐碩成果。要追求的東西都已經到手，自然不會有什麼幹勁。

愛情或許已經昇華，不如最初領略對方心意時那樣熱烈，但也沒有什麼需要變動。兩人的羈絆如老夫老妻，穩妥安適，在彼此身邊總能感到平靜滿足。雖然這樣的狀態有點無聊，但總比有困難來得好。

如果「建議」抽到聖杯 10，表示待在原地就好了，不需要做什麼大變動，維持現況即可。

數字 10

圓盤 10
Wealth

牌名：財富
星座：水星在處女座

──────── **牌名釋義** ────────

一般我們都會認為錢要慢慢累積起來，是固定的，但圓盤
10 卻是水星在處女座，水星是轉動、分配、做生意的意思，代
表錢要流動才會越來越多。圓盤 10 的「財富」意味的是「錢不
是死的，流通才會生財」。

──────── **圖像與色彩** ────────

錢幣是能量的具體化。圓盤 10 裡面，黃色代表偏財，綠

色代表正財，背景的深紫色，代表未顯化的財富、源源不絕的能量，只要向下挖掘，就會越挖越多。你現在不僅只有手上的錢，背後還有很多還沒賺到的錢，只要去開發，就會生出來。

───── 占星意涵・水星在處女座 ─────

水星在處女，是進入自己的守護星座。代表你運用聰明才智、想法、商業交易等方式賺錢，既然花了很多腦筋在做生意，所以財富是你應得的，而且你會一直賺下去，因為水星是無法停下來的。

圓盤 10 的財富，是要跟別人分享的，必須流動起來才會有更多的財源。與圓盤 9 達到個人成就與經驗的顛峰相比，圓盤 10 不僅已經站在至高點，還會把自己的心得分享給大家，建立起非常好的人脈，這類的人通常是資深專業人士，經驗豐富且握有眾多資源。

愛情上，圓盤 10 代表紮實穩定，進入了家人模式。你們的關係已經定下，共享一切資源，幾乎不可能分手了。但如果是單身者問桃花運，圓盤 10 代表某種固定模式，你期待的對象不會輕易出現，既然不是新認識的人，可能就要往已經認識的人裡挖掘。簡單來說，就是你未來的伴侶，現在跟你是朋友，你們兩個還沒有走到那一步、尚未捅破那層紙窗戶而已。

建議抽到圓盤 10，就是維持下去就好，如果你現在這行繼續做下去，未來還有越來越多錢財會被你挖掘出來。

托特塔羅牌
對應卡巴拉

生命之樹

　　每一個圓質在生命之樹的構圖中，均各具特性和位階，當我們逐一研究時，它們都是單獨的個體，但生命之樹詮釋的是一個完成的創生模式，將所有圓質劃為一個整體，每個鄰近的圓質之間都存在著互動和遞進式的關係，而這也勾勒出了萬物從無到有的運動法則。因為筆者能力以及所參考的資料有限，在註解中，僅能大概描述出圓質的特質及整體關係，如遇錯誤或註解不到的地方，望讀者海涵，也希望未來可以研究圓滿。

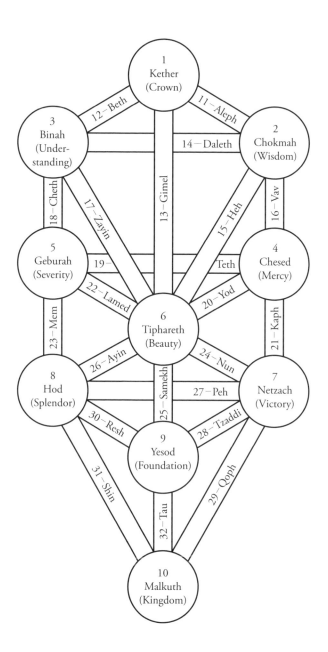

愚人

　　愚人牌所對應的是路徑 11，所處的位置是生命之樹的「天界三角」，它連接著圓質 Kether 和 Chokmah。Kether 是所有圓質的本質和源頭，也是二元分化的起始地，創造能量的下降過程由此開始（此種下降模式稱為「閃電」或「火焰之劍」）。如同這張牌的編碼，還是數字尚未衍化的 0。

　　克勞利稱：「一旦一個人下定決心考慮事物的陰性方面，陽性元素應該立即出現在同一個閃光的想法中以抵消它。這種鑒定本身就是完整的。從哲學角度來說，只有到了後來人們才必須考慮把 0 公式化＋1＋（－1）結果的問題。這樣做的結果就是形成了耶和華的思想」。作者的描述，其實就是以人的思緒作為映襯，來揭示同一狀態之中蘊含的二元性模式。而 Chokmah 則是行動力的開端，是啟動 Kether 的鑰匙，但這

僅僅是一種顯現，它是無形的，所以這個圓質在仁慈之柱的頂點，象徵著陽性的勢能。而這條路徑所承載的兩個圓質的關係，可表現為是一種打破常態的行動效應，而這也揭示了一種生機盎然、欣欣向榮的生發模式。

對此克勞利以圖中的愚人進行了詮釋：「……綠人是產生春天顯現的神秘影響力的化身，很難說為什麼會這樣，但事實就是這樣：有一種聯繫與不負責任、放縱、理想化、浪漫、星星夢想的觀念有關……」。愚人牌對應原初三元素中的「風」，英文中它的單字是 air，意思是空氣，在宏觀上它是一切萬物賴以生存的固定本質，在微觀上是人類意識層次中客觀中立而穩重的面相，這種不變的性能類似圓質 Kether。同樣的，風也會隨著物理狀態的變化，演變出飄忽不定的運動狀態，在意識層面上，人的思維邏輯也會經常迸發出各種各樣的觀點和想法。這個湧動的機能類似圓質 Chokmah。克勞利稱：「……這些想法是如此微妙和脆弱，在這些崇高的思想層面上，這個定義是不可能的，甚至是不可取的，因為這些想法的本質是一個接著一個……」。

字母 א，在《生命之樹卡巴拉》中譯為「閹牛」，而通常被翻譯為「牛」，Robert Wang 的《The Qabalistic Tarot》中引用 Paul 的觀點：「他把牛描述為生命力、創造力和在人類適應和

改變自然條件的各種形式中起作用的力量……」。在這兩種詮
釋中都凸顯了一個相同的地方，即在廣義上牛是生產、勞動這
個創造性工作中重要的角色，但被閹割的牛則揭示了更深一層
的核心意義，它無法在僅有生理本能的萌動下完成交配目的，
所具有的只是創造勢能的開始，而不衍生實質結果，這恰好與
路徑 11 所表達的「陽性面的釋放」一致。

大祕儀對應卡巴拉

賢者

　　賢者牌對應路徑 12，連接圓質 Kether 和 Binah。在路徑 11 中，顯示的是創造機能由起點開始發動，而在路徑 12 中所要彰顯的是，在絕對的存在 Kether 之中，所本具的被動接收性的面向。即在本來無法被形塑的能量釋放的過程中，因為圓質 Binah 的影響，賦予了無形的勢能以限制和形態。克勞利給此牌一段精闢的描述：「這張牌因而代表世界由此創造的『智慧』、『意志』，『神之話語』、『神之道法』……它代表『意志』。簡言之，他是『子』，是『父』之意念的行動顯化。他是『女祭司』的男性對應人物」。

　　在占星系統中，賢者牌與水星相對應，它主管傳遞、溝通、連接、速度等意義，克勞利稱「水星代表所有形式和階段的行為，它是一切活動傳遞的流體基礎……」也就是說，水星

表現出媒介的作用，加上它運轉飛快的模式，將思想形式化為語言、符號、文字等。而賢者牌，在一般概念中，也象徵著諸如文字、訊息等表達性載體，路徑以及水星的對應揭示了賢者牌其隱性的勢能傳輸模式。而克勞利稱「……但是從很早的時候開始，人們就看到說話或書寫的使用，往好的方向說，意味著引入模糊性；往壞的方向說，意味著引入謊言……然而真實的圖像是不可能的，因為首先所有的圖像必然是假的，其次運動是永恆的，它的速率是極限——光的速率。任何靜止都與卡片的概念互相抵觸。因此，這張卡片幾乎不超過記憶筆記……」。這段精妙的註解便解釋了為何在傳統塔羅牌中對於賢者（魔法師）的解讀包含了「欺騙」、「狡猾」和「誤解」等含義（即牌圖中的猿猴賽諾西法洛斯），這同時表明運動的過程是相對的，所謂的「靜止」僅僅是一種即時的狀態，所以這張牌在某種情況下也表現出：存在著某種程度上的不確定性。

　　分配給這條路徑的希伯來字母是 Beth，意為房子。如 Israel Regardie 《A Garden Of Pomegranates》稱「b 是內部活動的聲音，在嘴唇和嘴巴封閉的空間中發展。因此，是一個象徵性的房子。」這是從語音的角度所進行的註解。空氣通過嘴唇和口腔這個載體轉化出字母的發音，而賢者牌所要表達的創造機能也必須經過猶如「房子」一樣的載體，即聲音或文字來進

行形式上的傳遞。

筆者在檢閱相關文獻的時候，發現一些作者多會提到《聖經舊約‧創世紀》出現的第一個單字 BRAShITh，意為「一開始」或「起初」，而 Beth 正是該單字的首字母。單字的含義和字母的位置也正暗示了路徑中 Kether 所代表的一切創造的本源，它尚不具備任何定義，必須以一種形式去承載和表達，而在現實經驗中這個過程便產生了聲音和文字。

按：Robert Wang 在《The Qabalistic Tarot》一書中有過一小段對該牌的註解，今援引如下，以供參考：

「……這張卡片的能量同時是主動和被動的，魔術師的神秘之處在於，它既是傳送的也是被傳送的，它是生命力，在傳遞的過程中成為首要物質。魔術師是一個通道，通過這個通道愚人的能量被組織起來，並向下傳遞。」

大祕儀對應卡巴拉

女祭司

　　女祭司牌對應路徑 13，連接圓質 Kether 和 Tiphareth。此路徑的兩個圓質，是整個生命之樹上代表神性的兩個點，前者本身即是存在，它是其它九個圓質被衍化之前的源頭，它代表著完美的神性，絕然的一體。但當一切由 Chokmah 發生之後，其它圓質相繼出現，以二元對立的形式構成仁慈和嚴厲之柱，而在彼此的互動中，都蘊含著一個轉化的過程，繼而可以由彼至此，這個過程也具備一種可以中和對立面的性質，這便是平衡中柱的作用，也是神性的一種展現。而 Tiphareth 便是下層世界中唯一連接神性的中點。這條路徑包含了原型之界和形成之界，揭示了事物在形成過程之中，蘊含著純淨而崇高的本性，雖然萬物的形質不甚相同，但其中都具有同一的性質。

　　在托特牌中，作者巧妙地透過一道薄紗區分了女祭司所象

徵的本然狀態及各種不同的顯化事物所象徵的變化現象。而祭司一職在猶太教中始自利未支派，據《猶太教概論》所寫：「為祭司的不但要為亞倫家人，更須其人身體健壯、品格端正，有廢疾與娶寡婦或被休、被汙的婦人為妻者，不能擔任此職……」，這段話是說在猶太教規定擇選祭司的標準中，均為男性立位人，未有見女性者。筆者認為之所以名為女祭司，一方面是女性具備了與生俱來的孕育、創造的本性；另一方面在老版本的金色黎明套牌中，該牌的人物引用了九世紀女扮男裝成為教皇約翰八世的瓊·安格裡卡斯，這個典故揭示了在絕對的神祇代言人的身份之下，卻出現了相對的性別之差異。那麼針對這張牌則表現出該路徑透過不同表現的形式，最終展現藏在背後的本質面相。正如克勞利對於牌圖的詮釋：「這張卡牌代表了永恆處女 Isis 最崇高形式，這位處女女神可能是生育的女神，她是所有形式背後的理念，只要三合會的影響力下降到深淵，具體的理念就完成了……在卡片底部相應地顯示出新生的形態，輪生體、水晶、種子、豆莢象徵著生命的開始……」。

在占星系統中，這張牌對應的是月亮，而實際上，月亮是地球的衛星。它的光源來自於太陽，繼而透過自身轉輸至地球，而月亮也象徵了這個傳遞模式之間重要的聯繫關節。

分配給這條路徑的希伯來字母是 Gimel，意為駱駝。在現實世界中，牠是大型沙漠地帶動物，尤其是在古代（大約 3000 年前）便以牠為重要的運輸載具。沙漠一向是荒漠、貧瘠的代名詞，切斷了處於它兩端的供應方式。駱駝的出現改變了這種形式，牠連接上沙漠兩極，所以路徑 13 呈現出了一個由 Kether 到 Tiphareth 之間重要而無形的橋樑。很多著作闡述此路徑時，多會把駱駝形容為穿越深淵的重要載體，於是用字母 Gimel 來對應。但是生命之樹的上下兩層所屬的路徑中，並非這一條穿越深淵，還包含了路徑 15 和路徑 17，但它們所對應的並不是字母駱駝。這裡之所以要突出路徑 13 的重要性，是因為 Kether 和 Tiphareth 位居上下兩層的中心，而當圓質 Chokmah 與 Tiphareth 產生交集時，路徑 15 表現為理想、希望和洞察性的萌動。當圓質 Binah 與路徑 17 產生關係時，則為界定、判斷的能力。而兩條路徑所關聯的上層圓質均由 Kether 所統攝。

相對地，以 Kether 為主時，路徑 11 表現為純粹的創造釋放，路徑 12 則為純粹的形式表達。所以路徑 13 便表現出不同事物之中相同的主宰和共性。同樣地，上方的 Kether 在成為圓質來顯現神性時，在下方逐漸顯化成形的過程中也必會即時反映出這種同一之性，這便是克勞利在《律法之書》所述「As

Above, So Below」（如在其上，如在其下）的深意。所以字母Gimel 呈現出兩個神性圓質彼此互通有無所形成的同一根「精神紐帶」。（筆者認為從宏觀上來講，每條路徑的圓質之間都包含一隻駱駝），正如克勞利稱「是原型世界與形成世界的唯一連接」。

皇后

　　皇后牌對應路徑 14，連接圓質 Chokmah 和 Binah。路徑 11 和 12 分別表現了能量的發動和形態限制，但是僅有獨立的一種性質是不能完成創造工作的，到了路徑 14 依循閃電下降模式，構成了一個連接釋放與接收的通路，它完美的表明了兩種對立面互通與融合的構建過程。而這也正與東方哲學體系中的陰陽對立互根的模式殊途同歸，正如克勞利稱「這裡沒有矛盾，似乎存在的反對意見，只是平衡必要的反對意見……」。

　　在兩個圓質的互動中，Binah 會接受 Chokmah 所釋放的能量，繼而予以形式限制，這便完成了一個繁衍孕育的創生過程。克勞利稱「另一種語言中，有生命的延續，血液的遺傳將所有形式自然的結合在一起……」。在占星系統中的金星正好對應路徑的這種性質，在現實經驗中，永遠存在著分歧

和隔閡，而金星所象徵的愛、溝通、和諧正好可以化解與調和這種對立的關係。在天空為限老師的《十二星座都是騙人的!?》一書對金星特質的歸納中說：「……因此總是能維持跟他人互動時付出與接受時的平衡點（也就是我們所謂的和平）……」。

分派給這條路徑的字母是 Daleth，意為門。其所歸屬的位置屬於「天界三角」。能量藉由 Chokmah 發動後最終要進入 Binah 來完成孕育和沉澱，繼而衍化生命之樹上 Abyss（深淵）的大門類圓質 Daath（其功用即是構成超凡者與下方圓質的連接）隨之進入下層世界。如《生命之樹卡巴拉》一書中對該路徑的描述中稱：「這個象徵可能會（也應該如此）提醒你某些與 Daath（即深淵的大門）相關的概念。某方面來說，Daath 是 Daleth 路徑的向下投射，亦即 Chokmah 與 Binah 的結合投射到深淵之中，Daath 作為創造性力量之管道的功能，正是路徑的創造性力量的後續發展。」所以克勞利稱「這張卡片總結起來可以被稱為天堂之門」。

大祕儀對應卡巴拉

皇帝

皇帝牌對應路徑 28，連接圓質 Netzach 和 Yesod。當創造能量在 Netzach 時，已擺脫 Tiphareth 的即時平穩模式，再次走向了傾曳，而路徑中與它關聯的 Yesod，在生命之樹中位於圓質 Malkuth 之上，是物質界形式前的基礎排序點。在 Yesod 中，Netzach 所具有的衝動、活躍的驅動性能量，得到了凝聚。所以牌名為皇帝暗示了能量到達底層時猶如得到了神聖的寶座和歸宿。正如克勞利在牌圖設計中透過煉金符號的闡釋：「因此符號是其最物質形式的能量，與權威概念的集合⋯⋯皇帝也是更重要的煉金卡之一，它如 Atu II 和 III 組成了三合會：硫、汞、鹽。他的手臂和頭部形成一個直立的三角形，在下面交叉的雙腿代表十字架，該圖是硫的化學符號，硫是宇宙的雄性製熱能量，是印度教哲學的王者，這是一切存在的迅速

的創造力。」

　　在占星系統中，皇帝牌對應牡羊座，它屬於火象起始宮。在這張牌中，公羊的象徵符號出現了四次。據克勞利稱「它們都是喜馬拉雅山『野羊』」。這種公羊的習性偏於活躍和好動，也因為棲息地的緣故，牠們擅長棲息峭壁和跳躍，這正與火元素的活力、急躁、衝動等性質相吻合。又因為它處於初始宮，使得這種勢能不會獲得持久性的狀態，僅僅是聚焦於一點，進行短期的釋放。分派給這條路徑的希伯來字母是 Tzaddi，意為魚鉤。在現實經驗中，它是一個可以觸發動物本能的工具，當魚在水下察覺到魚鉤所掛著的食物時，並不會去意識到魚鉤所帶來的潛在危險。因為鉤子和食物處在一定位置上被觀察到時，它們間接觸動了魚的原始本能，從而展開迅速地進食行動。在人的微觀層次中，Yesod 象徵著最基本的「動物本能」。所以字母 Tzaddi 的對應也表現了潛意識當中本能的面相。

　　而在這張牌的論述中，作者僅僅以星座對應和字母語源的方面簡述了皇帝牌與字母的關係。那麼從圓質的角度來看，在字母對調以後，其所關聯的路徑換成了 28，處於深淵下方，並連接圓質 Netzach 和 Yesod。因為其 Netzach 位置和特質的原因，能量在此處會以傾曳性的方式進行動態運作，最終在

Yesod 中完成物質界之前的結構編排，這種趨向物質化的不穩定能量行動模式，便與原來的路徑 15 所表現的那種純粹的能量釋放有著顯著的不同（可參考星星牌論述）。

在占星對應上，也與牡羊座相對應，而兩者的性質上也如出一轍，所以克勞利稱「這張牌被分派給字母 Tzaddi，而它對應著黃道中的牡羊座。這個星座的守護星是火星，而太陽在此坐旺。因此這個星座的能量組合，乃是最為物質的能量形式，且帶著權威。」而在該牌的最後一段論述中，作者說：「最終要觀察到落在他身上的白光指示此卡在生命之樹的位置。他的權威衍生自 Chokmah，富有創造力的智慧、聖言，並被施加在 Tiphareth 身上，一個有組織的人。」這段話讓很多研究者一頭霧水，有些人認為是克勞利的疏忽大意，其實仔細體會這段文字，如果沒有創造能量在「權威」的 Chokmah（也被稱為超凡之父）階段的開創釋放以及 Tiphareth 的調停作用，便不會衍生出下方路徑 28 的功能效應，畢竟兩條路徑除了均涉及中性兩個圓質外，另外的便是「仁慈之柱」之上的始終圓質 Chokmah 和 Netzach，二者分別呈現了能量位於上下不同層次世界時的動態釋放模式。也可以說，Netzach 在下層的傾曳表現，是來源上層 Chokmah 的一種延續和衍生表現。作者的論述相當地隱晦，沒有直白地進行闡述，筆者根據圓質的角度分

析，認為克勞利的文字應是間接地表達出圓質之間這種層級位
階的從屬互動聯繫。

注： 在托特塔羅中，克勞利將字母 Tzaddi 與字母 Heh 進行了互換，這源於他
的著作《The Book Of The Law》，並稱：「我書中所有的古老字母都是正
確的，但 Tzaddi 並不是星星，這也是個秘密：我的先知將會向智者揭露
它。」

大祕儀對應卡巴拉

教皇

　　教皇對應路徑 16，連接圓質 Chokmah 和 Chesed。兩個圓質均隸屬於仁慈之柱一側，Chokmah 處於頂端，象徵著行動力的源頭，Chesed 則位於中心，是越過深淵之後的首個下方圓質，開啟了有形顯化的起點。兩個圓質分別處於上下層級世界的起始處，故該路徑反映了原初行動和規則的崇高示現，並且因為陽性勢能的特質，具有推動延伸的影響。正如克勞利在牌圖中的闡述：「在神秘的顯示器之前是一個代表宏觀的六芒星，在它的中心是一個五角星，是一個跳舞的男孩，這象徵著新生兒荷魯斯的律法，他取代了世界兩千年『錘死之神』的永旺。」

　　在占星系統中，教皇牌對應的是金牛座，它屬於土象固定宮，具有土元素規則性不易改變、重視整體等面相，而固定宮

又加強了它穩固實際的特質。金星又守護著金牛座，象徵著表面化、親和力及交際，這種組合也呈現出沉穩而中庸的金牛，內心的自我標榜及活化的面相。正如克勞利稱：「這張卡片所代表的黃道星座本身就是公牛，也就是說地球處於最強壯和最平衡的狀態，這個符號的統治者維納斯，由站在導師面前的女人代表……，因為她現在在這個新世代，不再僅僅是她男性對手的工具，而是武裝和鬥士……，目前無法徹底解釋此卡，因為僅事件的過程，可以顯示出新的啟動方式將如何產生。」

分配給這條路徑的希伯來字母是 Vau，意為木釘。在現實經驗中，木釘可以將不相關的事物，固定在一起，而這種功能也引申出穩定的意思。在卡巴拉四字母聖名法則中，它表達的是字母 Yod 和 Heh 在融合時的交集過程。在這個被鉚釘的穩固階段中，這也是嶄新的狀態，誕生的軌則基礎。正如 Robert Wang 所說：「釘子結合在一起，它統一了，說明導師的一個主要功能就是把微觀和宏觀聯繫起來。也就是說，大宇宙具有顯現，這是勝利或永恆的智慧，我們所有的一切都與神聖的精神緊緊相連……」。

大祕儀對應卡巴拉

戀人

　　戀人牌對應路徑 17，連接圓質 Bianh 和 Tiphareth。因為 Binah 的被動接收狀態，從而構成了天界三角的二元對立模式。同時它也是形體限制的開端，內在感知力的根源，Tiphareth 象徵對立模式下的平衡整合狀態，同時它對應著自我意識的部分，路徑的圓質互動關係揭示了智識層面的覺知、洞察、分析等運作形式。托特牌的構圖借用煉金婚禮的表現形式來體現，用來表現凝結過程中個體溶解的階段。正如克勞利對牌的解釋為：「這些符號本身都是雙重的，因此它們的意義形成了一個發散極數。而卡片的整合只能透過重複的婚姻、身份認同和某種形式的雌雄同體來重新獲得……，這張卡片的主題是分析，然後是綜合，科學提出的第一個問題是，物體是由什麼組成的？這個問題已經得到解答。下一個問題是，我們如

何重新組合它，以獲得更大的利益，這就是塔羅牌的原則。」

　　在占星系統中，與戀人牌對應的是雙子座，它屬於風象星座，其元素屬性以理性、客觀為基礎，但因為受變動宮的影響，在原有的特質中，增加了諸多變化的特性。又因為被水星所守護，展現了雙子善變、善溝通和交際的客觀行為模式。而雙子座在希臘神話中是宙斯和斯巴達王妃勒達所生的雙胞胎之子。這裡所要突出的重點也正是同一關係中兩種不同的獨立個體。而這些特質又與感性、情緒、主觀這些面相相對立，致使戀人牌並非是闡述情感及戀愛狀態資訊的載體。所以克勞利在構圖時加入了兩個孩童（該隱和亞伯），並引用了亞述人對於該隱和夏娃的傳說，還賦予這張牌另一個名字「兄弟」。

　　分配給這條路徑的希伯來字母是 Zain，意為劍。在現實經驗中，劍具有雙邊刃，是切割和分離的工具，可以將有機的整體劃分為若干個部分。劍所要表達的主要作用是分化，而它在塔羅系統中，所對應的是風元素，正是人類理性和客觀的認知模式，正如克勞利稱「劍主要是組織的引擎，在知識分子的世界裡，也就是劍組牌的世界裡，它代表著分析……」。所以在達到某種妥協及穩定之前，系統的剖析和界定是重要的前提。

按：戀人牌和星星牌所歸屬的路徑，是繼女祭司牌之後，僅剩的圓質 Tiphareth
與天界三角圓質所對應的兩張牌。因為 Tiphareth 是一種即時的平衡性質，
其在對立中得以顯化的同時，又可以反映出所對立的兩面，所以它在分別
和 Chokmah 和 Binah 產生互動後，也著重的展現兩者不同的圓質性質。

大祕儀對應卡巴拉

戰車

　　戰車牌對應路徑 18，連接 Binah 和 Geburah。Binah 是嚴厲之柱的開端，創造能量在該圓質的狀態影響之下被吸收接納，也是從這裡開始，陰性勢能的靜態限制效應開始萌發，在該路徑中與之關聯的圓質是 Geburah，在閃電下降的線性順序中，與 Chesed 構成了一個二元對立的聯動關係，它呈現出了 Chesed 規則概念之下，必然會發生的破敗過程。雖然 Geburah 處於嚴厲之柱一側，但卻彰顯了瓦解顛覆的激盪狀態，這種模式已不同於 Binah 在一定限制下的靜態機能。正如克勞利在構圖中所稱：「猩紅色的輪子代表了 Geburah 的原始能量，引起了旋轉運動……，駕戰車的人身穿琥珀色盔甲，與標誌相符，他坐在戰車上，而不是控制它，因為整個發展系統是完美平衡的。」

　　在占星系統中，戰車牌對應巨蟹座，它屬於水象初始宮，

隸屬於敏感而具有波動性的水元素，導致它呈現出缺乏安定感以及防禦性較強的特點。但因為是初始宮，不會表現出固定宮的封閉。在牌圖中克勞利以螃蟹的圖案對應巨蟹座，它是甲殼類的生物，異性的緣故致使它們會因為食物或配偶，時常發生爭鬥，但確定能夠穩定行動的前提是，它本身要具有堅固的防禦機制。這些特質正與路徑 18 的圓質關係尤為契合。

分配給這條路徑的希伯來字母是 Cheth，意為籬笆。在現實中，它用來作為維護庭院、駐地，是一種區格內外防範的工具，這表現出了一種範圍上的標定作用，而這也正對應著牌圖中的戰車，作為承載著神性聖杯的運動載體，也強調了這張牌為何名為戰車，卻不具備戰鬥意義的主旨。

調節

　　調節對應路徑 22，連接原質 Geburah 和 Tiphareth。Geburah 雖然主宰著破壞和瓦解，而當在調節牌裡，依據圓質閃電下降模式的創造過程，在經歷 Geburah 所展現的顛覆和混亂的行動之後，會迎來相對平衡的中和狀態，這正是中柱圓質 Tiphareth 所給予的影響。在這裡將再一次被賦予一定程度的穩定及和諧。正如克勞利在構圖所説：「她被戴上面具，她的表情顯示出她對宇宙不平衡的每一個元素的控制，所帶來的秘密滿足感。她雙手握著劍，並在其中權衡了宇宙的天平或球體（第一個 α 與最後一個 Ω 進行了精確的平衡），來象徵這種情況。這些是猶太法典的最後審判和測驗。特別是測驗，是秘密審判過程的象徵，藉此所有當前的經驗被吸收、轉化，並最終通過劍的操作傳遞到進一步的顯現……」。

　　在占星系統中，對應調節牌的是天秤座，它屬於風象初始宮，風元素主宰著客觀、分析、邏輯等理性的面向，而初始宮又會將這種性質集中地進行釋放，於是便形成了天秤座的和諧、平衡、協調、公正等性質。對應牌圖，克勞利則稱：「秤的平衡是兩個證人，每一句話都要在他們中間定準。因此她應被理解為評估每一個行為的美德，要求精確和滿意度。」

　　分配給這條路徑的希伯來字母是 Lamed，意為趕牛棒。當牛這種大型牲畜在進行生產工作時，若牠未按照所設定的標準和規則行動時，便以這種工具進行矯正及驅策。正如《生命之樹卡巴拉》一書所説「趕牛棒的形象以許多不同方式作為平衡的象徵……，這個形象指出失去平衡將導致痛苦。」在卡巴拉系統中，所謂的平衡在深淵上方的圓質中是一種純粹本質性的展現，而在下方世界，因為圓質的分化也就沒有絕對的平衡，所以字母 Lamed 詮釋出調節牌所表達的：通往平衡過程中客觀而實際的運作模式，圓質的平衡要透過互動才可以達成。這也就不難理解克勞利將這張牌的原始名稱「正義」改成「調節」的原因了。正如他在牌的注釋開頭寫道：「舊包裝裡這張牌叫『正義』，這個詞只是純粹的人類意思，因此是相對的意思，所以它不能被看作是自然的事實之一。根據任何神學或倫理學的觀點，自然不僅僅是公正的，而且自然是準確的。」

隱者

隱者牌對應路徑 20，連接圓質 Chesed 和 Tiphareth。Chesed 是穿過深淵之後，第一個有形顯化的圓質，同時也隸屬於仁慈之柱，正如 Dion 先生所述：「Chesed 是最抽象的原型建造者，它所制定的法則在其下的每一個 Sephira 所執行……」，雖然在這個圓質象徵著規範，準則等意涵，但建造本身就蘊含著一種動態擴張效應。又因為該路徑中與其互動的是圓質 Tiphareth，使得前者擴散性的勢能可得到一定的中和，這個互動關係使得勢能猶如得到了積蓄潛藏。

在占星系統中，隱者牌對應的是處女座，它處於土象變動宮，在原則方面，處女座堅守土元素的謹慎、執著、守規則等固有性質。但因為屬於變動宮，導致它在行為活動上會增添些許變動及靈活。這種相對靜態中所展現的動態活動，在現實經

驗當中，頗似女性孕育時的造化過程。正如克勞利稱「這張卡片最高的象徵意義，就是它最崇高的意義上的生育能力。這反應在這張卡片是屬於處女座的，這是相同品質的另一方面，處女座是一個土象星座，而特別是指玉米，所以這張卡片的背景是一片小麥田。」

　　分派給這條路徑的希伯來字母是 Yod，意為拳頭（或合上的手），當手在緊握時會形成一個密閉的空間，其中會繼續著一股強勁的勢能，正如 Israel・Regardie 的《A Garden Of Pomegranates》對這個字母的注釋：「一隻手，或更確切的説是手上的食指，其他所有的手指都合攏著。它也是一個生殖器的象徵，代表精子或潛意識的秘密意志精華。」這更是一種形象的比喻，象徵著創造工作開始前所必須的強大陰性的潛能。在 22 個希伯來字母中，只有 Yod 是一筆寫成的，其它的字母也都藉此演化而生，這也表示一切都是以 1 為基礎而建立的。正如克勞利説：「字母 Yod 是耶和華的第一個字母，它象徵著智慧之父，它是水星的最高形式，也是 Logos，是所有世界的創造者。因此它在物質生活中的代表是精子，這就是為什麼這張卡片被稱為隱者」。

大祕儀對應卡巴拉

命運之輪

　　命運之輪牌對應路徑 21，連接圓質 Chesed 和 Netzach。兩個圓質均位於仁慈之柱一側，前者展現了下方抽象原則的建構，而後者則呈現出能量整體融合性的偏移。二者構成的路徑揭示出了一種動態推移的運動過程，同樣地，這種模式所賦予的變遷也會帶來狀態上的未知和不確定性。

　　在占星系統中，命運牌對應木星，在內行星中（除太陽外），它是體積最大的，也是眾行星中速度最快的，這些天文學上的實際現象對應了它「擴張、膨脹」等公認特質，木星的這種面向也象徵著創造能量生生不息的運作法則。正如克勞利在牌圖中所說：「如果認為木星是好運，那就太狹隘了，它代表著運氣，無法計算的因素……，這個輪子上有三個圖形，斯芬克斯、赫瑪努比斯、蒂芬妮，它們象徵著控制現象運動的三

種能量形式⋯⋯，三位元一體的能量加速了命運之輪（哲學）的旋轉：它的車軸不動了。」

　　分配給這條路徑的希伯來字母是 Caph，意為張開的手。Israel・Regardie 的《A Garden Of Pomegranates》對於該字母的解讀為：「這個字母的發音是 Caph，意思是勺子或者手掌凹陷的感受符號，因此是很顯著的。」這裡相較於字母 Yod（合攏的手）所展現的凝聚意義，Caph 顯然具備了更多公開、擴散等面向，而當手張開時，同樣意味著接納或者攫取，並且可以完成各種可能性的創造工作，這也是展現運動變化的穩定法則。正如克勞利說：「它對應的 Kaph 字母，意思是手掌，根據另一種傳統，所有者的財產可能會被索取。」

慾望

　　慾望牌對應路徑 19，連接 Chesed 和 Geburah，同樣依照圓質下降的順序。仁慈之柱可視為是陽性能量的主要表現，圓質 Chesed 表現了下方世界原型規則的建立，而這條路徑也遵從閃電下降的引導方式，關聯嚴厲之柱一側的圓質 Geburah，它象徵著混亂和瓦解。它與前者產生鮮明的對比，從某種意義上來說，Geburah 也是 Chesed 的一種向前推動的影響，而這種表現是具有顛覆性和破壞性的。該路徑同樣揭示出事物彼此互動之間關鍵的運動變化過程。筆者認為此路徑是繼象徵「超凡之父」的圓質 Chokmah 所關聯的路徑 11，以及象徵「偉大之母」的圓質 Binah 所關聯的路徑 14，之後在深淵下方所顯現的第一條橫向路徑，這也應該是金色黎明將此牌命名為「火焰寶劍的女兒」的由來。正如克勞利在牌圖中的解釋：「技術分

析表明，與卡片相對應的路徑不是 Geburah 的強度，而是來自 Chesed 對 Geburah 的影響⋯⋯，改變傳統的標題，慾望不僅意味著力量，還意味著力量帶來的快樂，那是活力和活力的狂喜。」

在占星系統中，慾望牌對應獅子座，屬於火象固定宮。在火元素的星座中，它是個聚焦性的宮位，守護星是太陽，使得它本身可以將猛烈、強勢、尊貴等元素性質有效的集合，而形成自我的核心。並且它處於固定宮，不僅不會掩埋火的能量，反而更會控制火的躁動和烈性，使之穩固燃燒。克勞利稱：「她騎在野獸身上，左手握著韁繩，象徵著將它們團結在一起的激情。在她右邊她高舉聖杯，聖杯燃燒著愛和死亡，在這個杯子裡混合著萬古勝利的元素⋯⋯。這張卡片裡有神聖的醉酒或狂喜，女人看起來有點醉、有點瘋，獅子也有慾望在燃燒⋯⋯，這意味著所描述的能量類型具有原始的創造性秩序，這個聖禮是獲得啟蒙完成偉大工作的神奇物理公式，煉金術中的蒸餾過程，由內部發酵操作，受日月的影響。」

分配給這條路徑的希伯來字母是 Teth。在伊甸園中，它引誘夏娃吃了善惡樹中的果子，打破了耶和華的既定法則，於是產生了分別的意識，導致夏娃和亞當結束了富足充盈的恆定狀態。經文透過蛇，揭示出正是可轉化常態的一種突破性的

能量，這種內在的要生趨向便是慾望形成的開端。克勞利稱：
「在卡片的上方是星光的象徵，有十只怪獸的角，它們是蛇，
它們被送到每個地方去毀滅和重建世界。」

大祕儀對應卡巴拉

倒吊人

　　倒吊人牌對應路徑 23，連接圓質 Geburah 和 Hod。此路徑的兩個圓質均隸屬於陰性勢能的嚴厲之柱，能量因為 Geburah 的狀態影響，所表現出的是變動和激盪的形式，與其連接的 Hod 以限制離析的狀態作為嚴厲之柱的最後落點，如同劇變之後的塵埃落定，最終仍在靜態能量的影響下作為歸結。在牌圖的設計上，托特牌沿襲了人物倒置的構圖特點，這種通過懸掛所呈現出的靜態感官效應，恰恰與路徑的圓質的特性吻合。同時牌圖中，更加突出了「水」的訊息和含義，倒吊的人物和水的互動，如同胎兒在母體子宮內的狀態，呈現出一種「新生」的深意。

　　相較於傳統倒吊人牌「犧牲、退讓、低迷、懸置」等字面含義，筆者認為托特的倒吊人所闡述的正是透過瓦解、限制等

意向來彰顯新生的「神性」，正如克勞利稱：「光降入黑暗，目的在救贖它」（牌圖頂端的光芒類比祂性圓質 Kether），而救贖也可以說是成就新生的途徑和過程。

倒吊人所對應的元素及希伯來字母都是「水」，它也是創世三元素之一。因為其柔順的特質，可隨著不同的外在環境和結構，發生形式上的變化，本體不會受到任何影響，並且在現實生活中，它又可以滋養著萬物，是至關重要的生存媒介。水的這種功用更契合了創造能量恆常不變的創生機制，以及它多變的表現形式。克勞利稱：「這張卡片字母 Mem 代表水元素，也許更好的說法是，它代表了水啟蒙經驗中的精神作用，它是一種洗禮，也是一種死亡……。此外，水特有的母字母，因為 Shin 和 aleph 都代表陽剛之氣；而且在自然界中，智者是海洋的哺乳動物，我們子宮內的存在是通過羊水傳遞的。諾亞方舟和洪水的傳說不過是對生活事實的一種等級化表達。於是水資源專家們總是尋找生命的延續（在某種意義上），尋找生命的延長甚至更新。」

大祕儀對應卡巴拉

死神

死神牌對應路徑 24，連接圓質 Tiphareth 和 Netzach。Tiphareth 是神性 Kether 在下層的投射點，但它是創造的本質和起源，是一切尚未開始前的狀態。而 Tiphareth 繼承了它的平衡性質，但因為處在下方的緣故，使得這種狀態僅能通過相對的圓質作用來相互表現。而路徑中和它產生互動的是圓質 Netzach，依照閃電下降模式，創造能量在相對的維穩狀態中，再次發生了實質行的偏移，而這種變化打破了平衡，也成為了下一個循環的開端。正如克勞利說：「在煉金術中，這張卡片解釋了腐敗的概念，這是專家們對一系列化學變化的技術名稱。這些化學變化最終形成了生命形式。從原始的潛在種子變成了奧菲克卵……。」

在占星系統中，死神牌對應天蠍座，它屬於水象固定宮。

陰性的水元素不如土那樣沉重、堅實，因為形質的緣故，極容易因為外界影響發生改變。所以也象徵著波動和起伏，而固定宮並不會削減這種特質，反而會像容器一樣，將它塑之以形。在古占星系統中，火星守護天蠍座，它獨具的爆發、衝動、燥烈的本質，可有效地加強水元素的浮動性。在近代占星體系中，冥王星的出現取代了火星，它所象徵的毀滅、轉化、輪迴、生死等面向，在與天蠍結合時更加吻合該宮位「死亡宮」的名義。

分派給這條路徑的希伯來字母是 Nun，意為魚，它很難與死神牌產生直接性的聯繫。在《生命之樹卡巴拉》一書中稱：「對古代世界來說，熱度和呼吸是生命存在的證明，魚雖然兩者皆無，卻明顯是活著的。因此牠活在一個人類活不下去的地方，並且成為代表死後生命，以及神秘的死後境界的象徵。」這段描述是透過水這個介質，來間接表明魚和死亡的關係。但筆者認為，其實魚在托特的死神牌中，更側重傳遞的是生的含義。但在二元世界中，生與死永遠是對立的，若沒有經歷一番毀滅和衰變，也不會過度到另一個嶄新的狀態中。正如人第一眼看到魚時，多被牠的靈動和活性所吸引。人雖然不能在水中如魚般生存，但我們也像魚一樣，都誕生在水中（母親懷胎十月時的子宮內在環境）。正如克勞利所說：「在這張卡片上，

魚的象徵是至高無上的，魚和蛇是兩個崇拜對象，在教義中，
代表復活或轉世……。《福音》一書也充滿魚的奇蹟，並且魚
因其冷血、迅速和光彩地特性而成為水星的神聖之物。此外還
有性的象徵意義，這再次讓人想起水星的作用，水星即是死者
的嚮導，又是自然界中延續的彈性元素。」

大祕儀對應卡巴拉

藝術

　　藝術牌對應路徑 25，連接圓質 Tiphareth 和 Yesod。能量經歷由圓質相對的互動影響後，在 Tiphareth 之中体現了平衡面相，而這種動態不息的勢能，在相對的平穩之後，會再次呈現出偏移及分離（即 Netzach 和 Hod 的作用）的形式。Yesod 是位於 Tiphareth 之下的中柱圓質，它承接了來自上方各圓質流注下降的性質影響，並在這裡進行物質基礎的編排。所以該路徑的兩個圓質是生命之樹上兩個重要的能量匯集點，猶如為能量締造了一個相應的中轉空間。在卡巴拉四字母聖名法則中，即 Yod 象徵釋放，Heh 象徵接受，Vau 象徵轉化，Heh 象徵完成。Tiphareth 和 Yesod 對應的正是 Heh 和 Vau 所代表的孕育，凝集過程，這也是藝術牌所象徵的新形式誕生之前重要的融合提煉階段。在四世界分類中，該路徑正好關聯了成形世界，表

現了孕育融合這個重要的創造階段，克勞利稱：「人們現在認為愚昧無知，他們自己不了解舊時代人們的思想，是由於這種誤解。例如，在這張卡片的底部，可以看到火與水和諧地混合在一起。但這只是精神理念的一個粗略象徵，它是一種不完整的要素透過同化其對等元素來滿足其公式的慾望。因此，偉大工作的現狀在於把矛盾的因素混在一個煉鍋裡……」。

在占星系統中，藝術牌對應射手座，它屬於火象變動宮。火元素猛烈、行動、自由等特質加上變動宮不定和多變的面向，從這層概念上來看似乎與藝術牌所要呈現的合化意義相悖。但凡矛盾與對峙這種二元模式都是相對即時的狀態，在未達到統一之前，這種過程是紊亂的，但這也是通向完美融合必須要經歷的昇華和飛躍的階段。而射手座富有活力和躍升的性質，正與這個過程相契合。正如克勞利在牌圖中稱：「從煉爐中升起，作為執行操作的結果是變成了兩條彩虹的一束光。它們形成了雌雄同體的斗篷。在中間，一支箭向上射。這與前面解釋過的一般象徵意義有關，即偉大作品的結果超凡脫俗。」

這條路徑對應希伯來字母 Samekh，意為支撐物（或道具）。在現實生活中，這也是一個產生主要構架的詞彙。宏觀上，房屋支撐主樑或者樓宇的承重墻柱都是重要的支撐工具。而微觀中，如在人體的內在環境中，如軀幹、骨骼，便支撐起

整個有機整體，這兩者都凸顯出一個核心的作用，即是可提供一個空間，進而容納諸多元素在其中，並且使之成為一個具有融合性的整體。正如克勞利在他的魔法著作《777》中對字母 Samekh 做了一個簡短而形象地概括，即「子宮保存生命」。

大祕儀對應卡巴拉

惡魔

　　惡魔牌對應路徑 26，連接圓質 Tiphareth 和 Hod，此路徑與死神牌所屬的路徑 24 相對稱。在死神牌中，創造能量在基於 Tiphareth 的平衡之後，表現出湧動偏離。而在路徑 26 中，Hod 隸屬於嚴厲之柱的底部，它也同樣偏離了中柱，因為它的作用影響，能量的運作機能雖然未改變，但其融合且可自由遊弋的狀態會趨向於限制離析的模式，至此依據能量閃電下降的線性順序流注於仲介圓質 Yesod，最終完成物質的構成。Dion 先生在其著作中有這樣一段論述：「精神並不會直接影響物質工作，精神會透過心智，然後心智透過乙太，乙太再影響物質。要改變 Yesod，則要改變設計 Yesod 的 Hod，繼而影響物質。」筆者個人認為，這種相連的關係應該是此牌在金色黎明的體系中，被稱為「物質之門的主宰」的原因。

在占星系統中，惡魔牌對應的是摩羯座，它是土象初始宮。土元素是陰性元素之中最為緻密固著的，並且因為其積蓄的作用，使其中蘊藏著無盡的能量。因為土性沉緩，導致在對能量釋放的過程中，趨向了緩慢，但摩羯座落在了初始宮，可以使土元素這種巨集觀而沉積的能量集中於一點，從而形成一股專一有效的釋放。在天文學中，摩羯座也正處於冬春交際的節點，它標誌著翌年春季的開始，也是萬物復甦的季節。春天這種初起的陽性能量也源於上一個冬季漫長沉積的含藏作用。正如克勞利稱：「這張卡片代表最具物質形式的創造能量。在黃道十二宮中摩羯座佔據天頂，它是最崇高的神跡，它是一隻貪婪的躍上地球頂峰的山羊……。該牌代表 PAN，MI-Begetter。它是生命之樹，以微妙複雜和奇妙的瘋狂形式為背景，春天的神聖瘋狂已經遇見到了冬天的沉思瘋狂。因為太陽進入這個星座向北轉。樹根是透明的，為了顯示無數樹液跳躍。面前站著一隻喜馬拉雅山羊，它的前額中央有一隻眼睛，代表著地球上最高最神秘山脈上的 PAN……。」

　　分派給這條路徑的希伯來字母是 Ayin，意為眼。這是生物體當中唯一的視覺來源器官，但眼睛本身不具有成像的作用。在現實中，必須經由吸收來自各處不同的光源通過眼的聚焦，傳遞至大腦，進而進行深層的處理，即而呈現出種種的影

像。該過程也闡明不同形式的光源在與眼進行互動時，最終都會受限於眼的聚焦。字母間接地指向圓質 Hod 的相應特質，筆者認為這也引申出惡魔牌的常見概念中，關於束縛、陷阱、盲目、慾望、誘惑等意涵。

塔

　　塔牌對應路徑 27，連接圓質 Netzach 和 Hod。創造能量由平衡中柱偏移到 Netzach，這裡也是威力之柱的終點，在這裡融合性的能量以自由的方式呈現，但因為位置已偏離中柱，表現為不穩定的面向。依循閃電下降的傳導模式，當到達位元於嚴厲之柱底部的圓質 Hod 時，能量被限制分隔，使得其整體融合的模式最終走向消散。這一互動過程展現了在生命之樹的下層世界中，最後兩個對立性圓質所呈現出的顛覆、激變的運動形式。

　　在占星系統中，塔牌對應的是火星，在內行星中，它是最具攻擊性的。它本有的特質並不會讓我們聯想起祥和、平穩的狀態，但在二元模式的世界中，所謂的穩定一定對立著紊亂，若想達到一定的和諧，勢必要面對一個畸變的過程，而火星會

以破壞、爭鬥的方式來詮釋這種模式，從而為一個嶄新的開始做好鋪墊。所以克勞利在設計此牌時，也給了它另一個具體而現實的名字：War（戰爭）。克勞利稱：「火星在最簡單的解釋中，指的是以最粗糙的形式表現出來的宇宙能量……，因此在卡片的底部，顯示了閃電、火焰、戰爭引擎對古老永世的破壞。在右手邊的角落裡是鬼門關，在屋頂上噴出火焰，從塔上掉下來的是駐軍的殘骸。人們會注意到他們已經失去了人形。他們已經變成了幾何圖形。」

　　分派給這條路徑的希伯來字母是 Peh，意為嘴。這是動物身上唯一的進食部位。在這個相對密閉的空間中，任何不同形質的食物在嘴中都會破碎，這也是完成了初步咀嚼工作，從而為後期能量的吸收提供了重要的鋪墊。所以這個字母形象的呈現了經由摧毀和破壞繼而達成創生的過度階段。

星星

　　星星牌對應的路徑是 15，連接圓質 Chokmah 和 Tiphareth。Chokmah 是陽性的釋放模式，一切萬有的創生和開始，它處於最高的天界三角之中，經過 Binah 的接收孕育，使之得以進行示現和表達。克勞利將這一顯化過程，以埃及的蒼穹女神 Nuit（努特，也作 Nut）作為對應，如《律法之書》第一章提到的：「1. 曾經有過！Nuit 的視線；2. 天堂的揭幕；22. 現在，你們知道我的名字 Nuit，當他最後認識我的時候我會給他一個秘密的名字。因為我是無限空間，及其無限之星……，在你們中間任何一樣東西和其他東西都沒有區別，因為傷害就會隨之而來。」Tiphareth 是平衡中柱的圓質，是絕對同一的神性在下層世界的顯化，故在人的精微層次中，它處於 Ruach（自我意識）之中點，同時也屬於高我的心智之範

疇。在於 Chokmah 的互動中，則會反映出智識層面相應的萌動和釋放機能，這便形成了以往對於此牌有關「希望、願景、期待」等相關的概念。克勞利透過牌圖形容：「這幅畫代表 Nuit，他們的星際女神……。她從金色的杯子裡把這種空靈的水，也就是牛奶、油和血倒在自己的頭上，表明種類的永恆更新，生存的無窮可能。左手放下來拿著一個銀杯，從那裡她倒出了生命中不朽的酒……。我們可以看到這幅圖中的每一種能量都是螺旋形的……，只有在較低的杯子中，能量向外發散的形式才成直線特徵。」

在占星系統中，這張牌對應水瓶座，它的宮位是 11 是位於「中天」頂點的摩羯座的下一個宮位，這也恰好類似 Chokmah 由 Kether 開始的分化模式，而它的元素屬性及狀態為風象固定星座。如《十二星座都是騙人的!?》所述：「風象讓它追求著智識跟理論上的正確性，固定宮更讓它具備，一般來說風象星座比較缺乏的道德跟整體觀念，也因此水瓶座都在追求絕對的正確跟絕對的真理。」這種偏於意識形態上的特徵及元素性，也正與 Tiphareth 圓質概念及在平衡中柱的位置極性吻合。

分派給這條路徑的希伯來字母是 Hé，意為窗戶。在現實經驗中，窗戶是溝通室內和外界的媒介，而結合到此牌中，內

對應著神性這個原點，外則影射了由意識能量的迸發所呈現出的「萬事萬物」，而這其中勾連兩者的便是「自我」這個中心，它猶如一條紐帶完成著重要的傳輸工作。在杜奎特《托特解密》中，對字母 Hé 的解讀可供參考的：「在四字母聖名『Yod Hé Vau Hé』中，母親是第一個『Hé』。將『Hé』分派給這張大牌完全是順理成章的，因為它呈現了無垠空間之女神的崇高形象」。

大祕儀對應卡巴拉

月亮

　　月亮牌對應路徑 29，連接圓質 Netzach 和 Malkuth。創造之光透過生命之樹上的各圓質，達到最底端的 Malkuth，這裡是物質界的顯化之地，能量進到這裡，則擁有了有形質的載體。而圓質 Netzach 則凸顯了物質當中動態的生命活性，但畢竟處於較低的物質層面，使該圓質活躍、不穩定的勢能，受到了相應的限制和困束。正如克勞利稱：「這張大牌，她最低階的化身中，她將 Netzach 的地土之域與 Malkuth 連接起來，那巫術與惡行之月。她是劇毒的黑暗，是光明重生的條件……，火焰般的感覺被挫敗了，月亮沒有空氣，騎士必須依靠三種較低的感官：觸覺、味覺和嗅覺。這種光明可能比黑暗更致命。而寂靜被野獸的嚎叫所傷害。」

　　在占星系統中，月亮牌對應雙魚座，屬於水象變動宮。水

元素在主體上不具備像土一樣堅固的性質，從而偏向了順勢被動及流動性的特點。又因為處在變動宮，導致增大了它變化、波動不定的面向。相較於人的意識，它與感覺、想像、情緒等這些無法實際掌握、推斷的感性主觀面向相對。雙魚座的特質，正呼應了月亮所象徵的盈虧起伏的變化現象。

　　分派給這條路徑的希伯來字母是 Qoph，意為後腦。克勞利解釋這個字母為「頭的後面與小腦的力量相連」。在生理結構中，它位於後腦下方的顱腔內（主要為延髓及小腦）受控於大腦，功用主要是協調骨骼肌肉及調節人體平衡，但如果後腦因為某種因素不能接受由腦所傳送來的運動訊息，則會導致身體行為上的失衡及偏頗。在與現實的對應中，猶如黑夜並且無光的月亮，若不藉助太陽的光能進行反射，所展現的就僅僅是陰森和黑暗。所以字母 Qoph 對應的正是在生理結構上，所處的盲區及隱蔽位置，表現在牌圖中則為頂部月亮的蝕虧所帶來幽冥及暗淡的樣貌。這也可以引伸象徵為人內心當中不安、恐懼、迷茫、錯覺等失衡的面向。正如克勞利在牌圖中稱：「群山之上是無名的神秘，恐怖和恐懼的黑塔，所有的偏見、所有的迷信、死去的傳統和祖先的厭惡結合在一起，使她的臉在人們眼前變得黯淡無光。她需要堅定的勇氣來開始走這條路。這是一種奇怪的、欺騙性的生活。」

太陽

　　太陽牌的路徑是 30，連接圓質 Hod 和 Yesod。依據圓質下降順序，創造的勢能最終要達到 Hod，在這裡能量呈現出相應的限制離析狀態，依照閃電下降的順序，這裡恰好是生命之樹兩側對立之柱的最後落點，繼而流降至圓質 Yesod 中，另一方面經由乙太的支撐和運作，進一步完成物質基礎架構的編織。

　　牌名以及占星系統的對應均為太陽。在現行的天文學研究中，它的形成起始於一個較大範圍的分子雲，產生爆發，而其中一小部分區域受到波及，發生了「重力塌陷」，使質量過度集中於中心，從而衍生為太陽。（因篇幅和筆者學識有限，此處為極簡的論述，讀者可查找相關資料予以補充，如有論及不當之處，望讀者指正。）而這個離合式的生成過程，可與路徑 30 中的圓質關係相對應。因為太陽系中，它是唯一獨立的

恆星體，於是衍生了屬於它的星系結構，以及用自己的能量給予其它獨立的內行星生機和影響。致使處於太陽系的我們，將它引伸為「新生、照耀、榮耀、虛榮」等象徵含義。正如克勞利在牌圖中稱：「它代表新的永世之王 Heru-Ra-Ha，在他對人類的精神、道德和肉體的表現中，代表了太陽。它是光明、生命、自由和愛的主宰。這個世代的目的是徹底解放人類……」。

分派給這條路徑的希伯來字母是 Resh，意為頭。它位於人身的最頂端，也是大腦的載具（我們通常將頭腦並稱）。它是身體結構中絕對核心的指揮中樞，外界諸多紛雜的資訊或能量，通過頭進行集中性的匯合，而它對於機體的各部分有效的操控性，通過傳輸工作可使綜合性的指令分散至各處。所以字母 Resh 突出了潛意識當中，理智、客觀的思維運作模式。正如 Rober Wang 所說：「這與人類智慧的最高境界是一致的，這就是收集智慧……。所以卡片基本上代表了智力，作用於人類狀況、意識的二元性和它的地球載體。這就是人類智慧與更高智慧，更偉大的生命之間的聯繫。」

大祕儀對應卡巴拉

永恆

　　永恆牌對應路徑 31，連接圓質 Hod 和 Malkuth。圓質 Hod 離析了能量在 Netzach 時的那種整體融合性的呈現模式，在到達形成之界的最終媒介 Yesod 時，Hod 當是能量在其上方所有圓質中，最後一個狀態落點。至此即告別了上層各圓質之間的互動形式，在 Yesod 的作用下，最終完成物質（Malkuth）的基礎編排和構建。在構圖中，克勞利推翻以往審判牌的名義形式，採用了古埃及二十五王朝的「昭示之碑」中所描繪的「象徵新生之主的神祇——荷魯斯（拉・胡爾・庫特），以及母體孕育的努特和具有陽性創造機能的哈迪德」之形象並加以潤色，使之完全契合了此牌的深意。正如克勞利在牌圖中描述的：「卡片上方，是 Nuith 的身體，她是星星女神，屬於無限可能的範疇，她的伴侶是 Hadit，無處不在的觀點，唯一哲學

上站得住腳的現實概念。他以火球為代表，代表永恆的能量，展翅高飛，展現他的勇往直前。由於這兩個人的婚姻，孩子荷魯斯出生了。」

在元素的對應中，這張牌歸於火。這正是一個能量與物質相互轉化、演變的顯性元素。火具有燃燒昇華的特性，但必須要藉助能以助燃和消耗的事物才可進行，這便可以產生能量。而所被燃盡的事物，也註定會歸於塵土，還原至初級的物質結構。這種交替循環的模式，不會因為任何的變化而改變。

分派給這條路徑的希伯來字母是 Shin，意為牙齒。在對塔牌的註解中，它所對應的是嘴，雖然它製造了破壞食物的實體空間，但真正運作、破壞過程結構的是牙。它是堅硬的骨骼，在身體外部直接的表現，並且強大的分解，破碎力也是能量轉化的絕佳代表。任何形質的食物經過牙的碎斷，最終都會衍生為精華的能量。這個象形字母的筆畫機構，也勾勒出了牙以及火的形狀，它強調的並非是像塔牌那種極端的破壞過程，而是針對毀壞後的新生狀態以及這個永恆的運作過程。正如克勞利在牌圖中稱：「在卡片的底部，我們可以看到 Shin，本身就是一朵花的形狀。三個 Yod，被三個人形佔據著，他們分享著新世紀的精髓。」

大祕儀對應卡巴拉

宇宙

　　宇宙牌對應路徑 32，連接圓質 Yesod 和 Malkuth。這是生命之樹由上至下創造過程中最後的一段路徑。在這裡圓質 Malkuth 被實際完成，它包含了所有的四元素，又代表著我們所處的地球。我們可以回溯整棵生命之樹，Kether 是萬有起始的原點，當一切開始時，則以迸發的狀態顯現。這種勢能是主動、活躍的，所以性質屬火，它成就了陽性的威力之柱。有了開始也就意味著會面臨結束，所以這個釋放的過程，終會落到一個點上。那麼這裡相對是被動、接受的，它的性質屬水，成就了陰性的形體之柱。而 Kether 則統禦這兩點，它象徵著一種中和、平衡的效應，於是產生了生命之樹的中柱，性質屬風，具有媒介的作用。而 Yesod 是中柱的基底圓質，它凝聚中和上方其它圓質的效應影響，同時進行物質基礎構架的編排，

最終完成 Malkuth（物質界）的創生工作。故 Dion 先生稱：
「Yesod 接受其它 8 個 Sephiroth 的流溢，而且是唯一一個與
Malkuth 直接聯繫的 Sephira。」這條路徑是創造工作在生命之
樹下層的終極展現，從現實來看，它對應著完成和圓滿，但也
同時意味著禁錮及僵化。

　　在占星系統中，該牌對應著土星。在古占星體系中，土星
是位於星系圈最遠的行星，也象徵緩慢和沉重，它有別於太陽
所代表的生機和開闊，所以也引申為限制及死亡。正如克勞利
稱：「土星是七大行星中最外層和最慢的，因為這些沉悶、沉
重的特性，地球元素被推到這個符號上，原始的三個元素火、
空氣、水足以滿足原始思想的需要。地球和靈魂代表了後來的
增長……。然而土星出現在 Binah，是因為它在女王尺度中的
黑暗，這是觀察自然的尺度。但是，一旦一個過程結束，它自
動返回到開始。」

　　分派給這條路徑的希伯來字母是 Tau，意為十字架。現實
生活中，在教堂或教會裡，它是最醒目的宗教標誌，它也是耶
穌殉難的象徵，十字架的作用具《生命之樹卡巴拉》一書稱
「這個字通常被用來稱呼所謂的 T 形十字架……。古時候，
這種十字架是一種將人緩慢折磨致死的行刑工具……。作為一
個『延長痛苦』的象徵，字母 Tau 與這個『在傳統上跟時間和

死者領域相連接』的路徑，兩者可謂相符一致。」而十字架的結構在生命之樹中早已出現，誠如前文對路徑的註解，Kether作為起點，展現了 Chokmah 的陽性開始和 Binah 的陰性接受。而這種原初的對立模式，正是創造的基本法則，最終會在圓質 Malkuth 中得到實際的顯化。如果將 Kether 與 Malkuth，Chokmah 與 Binah 進行對稱的連接，則會完整呈現出一個十字架的圖形。這四個圓質點也正是生命之樹創生的構架，而其它的圓質則都是在其中以不同的形式作出的延展。正如克勞利稱：「字母 Tau 表示十字架的標誌，也就是延伸；由於構造四字母旋轉符號的方便性，這種延伸可以用四重符號來表示。在數字 2 的情況下，唯一的問題是回歸到合一或被減數。沒有一個連續的過程可以方便地用符號表示。但數字 4 本身，不僅適用於這種僵化的延伸，適用於大自然的殘酷事實，而且通過不斷自我補償的變化，適用於對空間和時間的超越。」

注：在宇宙牌的構圖中，克勞利說：「在中央，光輪啟動了生命之樹的形態，向太陽系十個主體顯現，但這棵樹只有純潔心靈的人才能看見。」筆者在仔細研究牌圖時，參照他所羅列的十個星體名稱，嘗試發現這棵隱藏的生命之樹。這裡僅就個人觀點試述如下：如果想要看到這棵樹，首先要關注的焦點是圖中女子與蛇的結構，這兩者的結合形成了一個直立的「無窮大」符號（也形似卡杜西斯雙蛇杖的纏繞模式）。讀者可以對照生命之樹相互來看。Kether 是起點，它是一切顯化之前的狀態，所以它不存在女人

和蛇的結構中，這就是克勞利說的「光輪啟動了生命之樹的形態」。

而 Kether 則是牌圖右上方的巨眼（以及十個光輪），克勞利給它對應的行星是「1. 以冥王星為代表的原始移動設備（比較元素鐳的 alpha 粒子）」。但是這個設計並沒有遵從 Kether 本來位於生命之樹頂端中間位置，這個原因在《托特塔羅學習手冊》一書中解釋為「而那巨眼則是荷魯斯之眼……。那眼睛的位置是在水瓶座的象徵神獸之旁，而水瓶座紀元的時期大略與荷魯斯紀元重疊。」

圓質 Chokmah 克勞利給出的對應是「2. 以海王星為代表的黃道十二宮或恆星範圍」，這個圓質在圖中的位置是最上方捲曲的蛇環，它顯化了 Kether 的創造機能，象徵著開始，而黃道十二宮則由 72 個網格所組成的藍色圓環所表現。

圓質 Binah 給出的對應是「3. 土星深淵，它已瓦解，爆炸之星，赫歇　為代表」。在圖中則為第二個捲曲的蛇環以及鎌刀，這裡巨眼的兩道光柱同時射中了兩個圓環，它象徵著最原初的二元模式，它們本都包含在 Kether 之中，是一體的兩面，所以兩個蛇環相互連黏。

圓質 Chesed 和 Geburah 分別對應木星和火星，在圖中位於女人的右手及頭部；圓質 Netzach 和 Hod 分別對應金星和水星，在圖中位於女人的右腳及蛇的頭頸部對應的是由 216 個單格所構成的 3 層 72 單元的繁星圓環；圓質 Yesod 是將能量進行凝聚，編織為構成物質的根本網絡，即物質的基礎元素結構的地方，它位於蛇的頭部以及下方稱為「物質之屋」的 92 種化學元素結構圖；地球則代表圓質 Lamkuth 是克勞利將它對應「四個要素」，即牌圖中位於四角的神像圖案。

而圓質 Tiphareth 對應太陽在牌圖中，它位於女人的小腹與蛇神交合的地方，這個位置的設計正與愚人牌當中太陽的位置相吻合，這象徵了創生與死亡這個循環的交替模式，正如克勞利所說：「這張牌的第一個也是最明顯的特點就是它總在最後出現，因此是愚人的補充，這是字母 Tau 的功勞。這兩張牌拼在一起就是『Ath』這個詞，意思是本質，因此在這兩個字母組成開頭和結尾的系列中，現實因此妥協了。這個開始什麼都沒有，最終也必須沒有什麼。」所以根據這樣的對應梳理，克勞利透過宇宙牌中的所有元素所構建的這棵生命之樹便完整的呈現在大家眼前。

小祕儀・宮廷

宮廷牌對應卡巴拉

　　托特塔羅牌宮廷牌部分共計 16 張，類別分別是：騎士、皇后、王子、公主。在卡巴拉體系中，將這四種人物依四字母聖名的法則進行了分類：1. Yod ──騎士、2. He' ──皇后、3.Vau ──王子、4. He' ──公主。

　　克勞利將字母與人物的性質關係做過相應地闡述，例如：「1. 騎士代表了字母 Yod 的力量，它們是元素能量中最崇高、最原始、最活躍的部分，因此他們被描繪在馬背上，穿著全副盔甲，他們的行動迅速而猛烈，但是短暫⋯⋯；2. 皇后代表字母 He'，它們是騎士的補充，它們接受發酵並傳遞騎士原始的能量，它們很快就能接受到這種能量，它們也適合在它們的功能期內持續存在，但它們不是最終的產品⋯⋯；3. 王子代表名字中的 Vau，字母的力量⋯⋯，王子是皇后（老國王的女人）

的兒子，騎士贏得了她，因為她被描繪成一輛戰車，前往執行她父母的總和能量……她是他們結合斯文那一面，因此她的行為比她的祖先更持久；4. 公主們代表了最終的名字 He'，它們代表了原始能量的終極問題，它的完成、它的結晶、它的物化，它們也代表了平衡，能量的重新吸收，它們象徵著萬物回歸的寂靜。因此它們同時是永久的和不存在的，對方程式 0 = 2 的審計。」

宮廷牌的元素性質為權杖——火元素，聖杯——水元素，寶劍——風元素，圓盤——土元素。這四種是人物關係的本體元素性，而每一個人物的性質中又包含了另一種元素。這個對應來源於生命之樹的四圓質屬性，即位於威力之柱的 Chokmah，屬火；位於嚴厲之柱的 Binah，屬水；位於平衡中柱的 Tiphareth，屬風；位於底端的物質圓質 Malkuth，屬土。這四枚圓質的性質與宮廷牌基礎元素相對應，所以在元素之間相互搭配時，有四張人物牌屬於單一元素（魔杖騎士、聖杯皇后、寶劍王子、圓盤公主），其餘十二張牌則為兩種元素的互含模式。宮廷牌在占星系統中，除公主牌外，分別佔據兩個星座區間的位置（如魔杖騎士處於天蠍座 21° 到射手座 20°）。公主牌對應北極圈象限，各佔四分之一星座空間（如魔杖公主佔據北極圈上「巨蟹座、獅子座、處女座」的象限區域）。

　　以上就是卡巴拉系統對應宮廷牌的基礎關係結構，但因為人物牌都是各元素之間的混搭，闡述的主要為各種人物的性格特徵以及對相應事件的影響。詳細的內容，讀者可依據本書對於宮廷牌的詳細剖析並可以結合卡巴拉的對應進行參照解讀（有關字母和圓質的描述可參見大牌及小牌部分）。下列簡表以茲對照：

四元素	字母圓質	Yod	He'	Vau	He'
		Chokmah	Binah	Tiphareth	Malkuth
（火）魔杖		騎士 （火中火）	皇后 （火中水）	王子 （火中風）	公主 （火中土）
（水）聖杯		騎士 （水中火）	皇后 （水中水）	王子 （水中風）	公主 （水中土）
（風）寶劍		騎士 （風中火）	皇后 （風中水）	王子 （風中風）	公主 （風中土）
（土）圓盤		騎士 （土中火）	皇后 （土中水）	王子 （土中風）	公主 （土中土）

宮廷牌與易經

　　克勞利設計宮廷牌時，在其中融入了易卦的對應，即 16
張人物牌分別對應 16 個卦象。易經是中國重要的經典，運用
爻畫符號來表現陰陽關係，進而完成造化、運作的推斷過程。
它具有完整並獨立的體系，克勞利在將易卦與塔羅關聯時，並
非直接將兩者融合，而是在卦中發覺與西方神秘學中四元素相
類同的面向。在他的卡巴拉著作《777》中，將八個基本功卦
即：乾為天、坎為水、艮為山、震為雷、巽為風、離為火、坤
為土、兌為澤，進行了清晰的對應和梳理，並將四個卦逐一對
應四元素，即火元素——震卦、水元素——兌卦、風元素——
巽卦、土元素——艮卦。

　　震　在物象為雷，代表雷聲迸發時的狀態，其具有強大、
迅猛的勢能，引申為激蕩、震動等意象。它在易學後天卦序

中，分配至東方，主春季的開始，是萬物復甦、陽性機能反生的時節，所以在象徵中包含了突破、擴展、萌動、迅捷等含義。克勞利將它譯解為「輕易、發展、移動力量、雷聲」。震卦的特質與四元素中的火相契合，故將二者對應在一起。

兌　在物象為澤，代表水匯聚的淺窪地（水草叢生之地），其具有潤潔、和緩的勢能，引申為陰柔、隨順等意象。它在易學後天卦序中，分配至西方，主秋季的開始，是萬物降收、陰性機能承接的時節（秋季將盛暑所積蓄的熱經過雨的方式進行降解），所以在象徵中包含了喜悅、維穩、含蓄、溝通等含義。克勞利將它譯解為「快樂、朋友的幫助、死水」。兌卦的特質與四元素中的水相契合，故將二者對應在一起。

巽　在物象為風，代表風無法阻擋的滲入狀態，其具有飄散不定的勢能，引申為變動、輕浮等意象。它在易學後天卦序中，分配至東南方，主春夏交際之時，是萬物欣欣向榮、陽性機能趨向昭隆的上升階段，所以在象徵中包含了不穩定、遊離、進退、資訊或能量的傳遞等含義。克勞利將它譯解為「柔韌性、穿透力、搖擺不定、風力、木材等等」。巽卦的特質與四元素中的風相契合，故將二者對應在一起。

艮　在物象為山，代表土石沉積至堅實而高的狀態，具有堅固、穩定的勢能，引申為靜止、頑固等意象。它在易學後天

卦序中，分配至東北方，主冬春交節之時，是萬物沉寂、休眠、陰性機能趨向衰亡的靜守階段，所以象徵包含了阻滯、停頓、終止、安逸等含義。克勞利將它譯解為「和平、山脈」。艮卦的特質與四元素中的土相契合，故將二者對應在一起。

需要注意的是，克勞利在進行卦的分析時，並非依照易卦中取象的法則與各元素進行對應。如火在卦中本應對應離卦，其性外剛而內柔，在自然中它可以代表燃燒的火，但克勞利突顯的是火元素外在的迅捷、躍動、發散等機能。於是在卦中選擇類同此特性的震卦作為對照。水在卦中本應對應坎卦，其性外柔而內剛，在自然物象中，它對應流動的水，但克勞利突顯的是水元素外在和緩、柔順、潤澤等機能。於是在卦中選擇類同此特性的兌卦作為對照。其餘的風、土元素與巽、艮二卦在各自體系中的性質和含義的對應基本相同。

宮廷牌 16 張人物在與易卦的對應中基於的便是此四種基礎卦，它們在相互組合中，以人物元素的性質作為上卦，以人物所屬類別的元素性質作為下卦，由此便組成一個複合卦。如寶劍皇后，劍組是風元素，處在下卦，皇后是水元素，處在上卦，組成大過卦。所以此處不再贅述其餘各組合卦以及它們所對應的人物牌性質及含義。可直接參照本書宮廷牌正文內容，以對照學習。附對照表如下：

人物性質／元素類別	權杖	聖杯	寶劍	圓盤
騎士 火	震卦	歸妹卦	恆卦	小過卦
王后 水	隨卦	兌卦	大過卦	鹹卦
王子 風	益卦	中孚卦	巽卦	漸卦
公主 土	頤卦	損卦	蠱卦	艮卦

數字牌對應卡巴拉

四張 ACE

    ACE 王牌對應 Kether 意為王冠。在生命之樹的結構中，它是一切圓質的源頭。猶太教的「三位一體」概念中，它是天界三角上方圓滿而完整的頂點。而在基督教中則是相當於「有創造之功的聖父」。所以用王冠這個名詞來形容它的尊貴與權威。在小牌組中，四張 ACE 牌是四元素尚未分化前的種子和本質。正如克勞利所說：「它們相當高，而且不同於其它小牌，據說 Kether 只用耶和華的最高點來描述。在這些卡片上，並沒有元素在其物質形式上的真正表現。」

    權杖 ACE，是火元素（有形無體）小牌的本質。它代表純粹的陽性能量，象徵原始的力量和精神。而權杖從早期的馬賽塔羅到托特牌，都保持用原生的木棒作為繪畫素材。這正突出它純粹本性的特質。克勞利又在圖中增加了十個希伯來

字母，Yod 作為「火焰」標誌，構成生命之樹的骨架。克勞利稱：「它是神聖，在物質中顯現的原始能量，在如此早期的階段，它還沒有明確的以意志形式表達出來。」這裡也暗示了權杖王牌具有強大的創造性潛能。藉由權杖二開始，逐步地進行釋放。為生存和創造提供本能的基礎。在卡巴拉系統中，火元素的特質都可以匹配圓質 Chokmah 以及它所引導的「仁慈之柱」所包含的的相應性能。在四世界層級分類中，權杖對應「Atzilut」聖光之界，其所對應的圓質為 Kether。

聖杯 ACE，是水元素（有體無形）小牌的本質。它代表被動的陰性能量，象徵著孕育、感性、情緒。從權杖而激發出的勢能，到了這裡會被接受，並與之相融合，從而衍生為另一種形式。所以聖杯從二號牌開始，以「愛」作為情感和關係的一種表達方式。所以正如克勞利對牌圖的解讀：「在 Binah 的黑暗之海上，偉大的母親是蓮花，兩合一，盛滿液體的杯子，象徵性的代表或者是水，或是血，或是酒……。」

在卡巴拉系統中，水元素的特質可以匹配圓質 Binah 以及它所引導的「嚴厲之柱」所包含的相應性能。在四世界層級分類中，聖杯對應「Beriah」創造之界，包含圓質 Chokmah、Binah。

寶劍 ACE，是風元素（無形無體）小牌的本質。它代表

陽性的能量，象徵著理性、思維、智力、判斷。它與水和火組成了創世三元素，正如克勞利所說：「空氣是火與水結合的產物……，在它的本質中，的確有一種顯著的被動性。顯然它沒有自生的衝動，但是在它父母的推動下，它的力量顯然是驚人的……。」這裡克勞利以空氣指代風，它無形體的特質，可以任意遊蕩布散於水、火（陰、陽）之間，同時可以產生疏通、媒介的作用。

在卡巴拉系統中，位居生命之樹中央的「平衡中柱」對應風。在這根柱子中，存在（不包含 Malkuth）三個圓質，Kether、Tiphareth、Yesod。其中，Tiphareth 所設定的人類精微體層面中，對應 Ruach（自我意識），為心智層面，包含五個圓質 Chesed、Geburah、Tiphareth、Netzach、Hod。而以 Tiphareth 為交點，又將五個圓質分為兩個層面，即 Chesed、Geburah、Tiphareth 為心智層面（其上為高位屏障「深淵」），Netzach、Hod（亦包含乙太層面的 Yesod）為星光層面（其上為低位屏障「面紗」）。Tiphareth 的位置又同樣處於整個成形世界的中心，其貫穿了整顆樹的「智識層面」，而風所代表的理性、思維、智力功能正處在圓質 Tiphareth 所隸屬的智識面，故風元素的特質可以與其對應匹配。

這裡有一個概念名詞需要簡單提及一下，就是在牌圖中，

在劍身上所刻的希臘字母，即「Thelema」，它譯為意志。這也是作者所創立的哲學體系之名，克勞利稱：「這張卡片代表著魔法師之劍，上面帶著 22 個透明的純光王冠。這個數字指的是 Chokmah 的神奇宣言，智慧、道和禮法。因此刀刃上刻著法律的話語，這話語發出一道光芒，驅散心靈的烏雲。」（因為篇幅有限，關於此體系暫不詳注，讀者可參考相關著作。）

在四世界層級分類中，寶劍對應「Yetzirath」，形成之界，包含圓質 Chesed、Geburah、Tiphareth、Netzach、Hod、Yesod。

圓盤 ACE 是土元素（有形有體）小牌的本質。它代表以顯化的現實世界，象徵著物質主義層面上的運作。土是限制的實體，物質的代表，是創造性能量的結晶和載體。因為風、火、水的最終平衡作用，顯化出了土元素性質上的穩定。但是在托特牌中，圓盤王牌並不是固化的表現、局限和範圍，其中還包含著造化的機能。從圓盤二開始，便以變異進行運轉，到圓盤十的財富又標誌了水星的符號，這正是強調「變化即穩定」這個原理。從這一點就不難理解，為何克勞利擺脫了以往塔羅中那種「五角星」圓盤的束縛，而採用類似「果實」的圖案來象徵圓盤牌組的本性。正如克勞利所說：「圓盤也不再被認為是硬幣，圓盤是旋轉的象徵。自然如此，因為現在我們知道每一顆恆星，每一顆真正的行星，都是一個旋轉的球體。」在卡巴

拉系統中，土元素的特質可以匹配圓質 Malkuth 所屬的相應性
能。在四世界層級分類中，圓盤對應「Asyiah」行動之界，包
含圓質 Malkuth。

四張 2 號牌

　　2 號牌和（國王牌）對應生命之樹第二個圓質 Chokmah，譯為「智慧」。這個詞通常表達著心智那種本有且不含雜質的綜合性的表現能力。Chokmah 闡述了 Kether 所具備的那股本質機能，在這個圓質中不經任何外在的干預，進行本然的釋放，是創造能量和諧發散的始發點。因為它象徵著勢能的最初迸發，所以在生命之樹中，Chokmah 位於陽性的威力之柱頂端，屬火，它是四元素小牌真正意義上的開始。這個圓質在人類個體中，內在層次對應的是 Chiah，它是精神意志和行動力的根源。

　　魔杖二，名為統禦。火元素在 Chokmah 這個起點之中，進行了完美的釋放，其主宰著行動、突破等屬性，並且火有著強烈的專注特質，致使在這個初起階段，行動所波及的範圍並

不會太大，但其迅猛的勢能仍然具有一定的破壞性。牌圖中的兩柄「金剛橛」，象徵著雷電，暗示這種被引發出來的純粹、慾望和本能，因為是初生之火，所以欠缺柔和、穩定的特質。克勞利對此作了精闢的描述：「這兩個魔杖被稱為統治之王，它們擁有火的能量，以最好最高的形式燃燒。」

聖杯二，名為愛。水有著獨特的依附能力，它缺少火的剛烈和躁動，但自身同樣具備著流暢運作的特質。在圓質 Chokmah 中，這種初始的陽性能量推動了水元素和緩的狀態，不會掀起波瀾，並可使其形成交融佈攝的狀態。正如牌圖中，兩隻交疊的海豚共同為一支蓮花澆灌水源，蓮花頂部所溢滿的水流到兩盞聖杯之中。克勞利稱：「其實這張牌或許該被重新命名為『意志下的愛』之主。因為這才是它完整的、真正的意義。它展現了以最高意義詮釋的陰陽和諧，它是完美而寧靜的和諧，輻射出一種喜樂與狂喜的強度。」

寶劍二，名為和平。風元素對應著客觀的思維模式，包含於智識層面，它是原初三元素之一，在生命之樹中可調和水火元素，保持著平衡和穩固。在 Chokmah 中，因為勢能的湧動，導致風元素出現裂變，如同一個看不到自己的人，當看到鏡子裡所映射的自己，從而得到由一成二的概念反射，而這種分裂還不會產生爭端和摩擦。克勞利的解讀是：「在卡牌上看

起來有兩把交叉的劍，它們由五個花瓣的藍色玫瑰結合在一起……。玫瑰散發出白色的光芒，形成幾何圖案，強調了象徵的平衡。」

　　圓盤二，名為變異。土元素在性質上，是堅固穩定不易改變的，但其內仍具備動態勢能，因為它的沉重，所以表現上不會過於明顯。在圓質 Chokmah 中，它受到了能量初次釋放的推動，在原有的結構和規則之中，發生著轉動和變化。土元素象徵著物質界，如果在這其中不存在變化和運動，物質也會趨向衰亡。這張牌揭示隱藏在現實和物質世界背後變動不息的二元對立法則。克勞利稱：「牌代表兩個手語。一個在另一個之上。它們是中國象徵的陰和陽，因此它們代表四種元素，在不斷運動中相互和諧的作用……。一條綠色的蛇纏繞在一起，它的尾巴在嘴裡，它構成了數字 8，無限的符號。」

四張 3 號牌

　　三號牌對應圓質 Binah（和四張王后牌），意為「理解」，Binah 相對是被動和承載的，從 Chokmah 而來的原始能量到了這裡被吸收和接受（孕育）。並且由無形趨向有形、獨立，所以 Binah 形成了陰性的嚴厲之柱，並成為它的開端。從 Kether 到 Binah 構成了天界三角。正如克勞利稱：「我們必須有另一個點，一個人必須創造表面；一個人必須進入三角形。順帶一提，這樣就出現了整個平面幾何……。」

　　Binah 的出現，導致能量不能像開始時那樣純粹無限地釋放運作，這個圓質賦予了它初級的限制及圈束，但因為 Binah 仍處於生命之樹的上層結構，並沒有成為有形的狀態，在未下降穿越深淵之前，能量的運作仍然保持活躍，也因為此圓質與 chokmah 的對立性，導致能量構成了由此至彼的二元行動

軌跡。Binah 在人類個體內，層次上對應 Neschamah，這是感知和覺知的源頭。從這個圓質位置開始，占星系統中的七顆行星依序嶄露頭角。筆者認為，占星術已是獨立的體系，但行星的性質可以看作是圓質的另外一種表達方式，所以在生命之樹上，由此開始，它們被分配到與其屬性類同的圓質之中。在 Binah 中則將它與「土星」相對應。

　　魔杖三，名為美德。火元素的爆發、專注力，本可所向披靡掃平一切，可是在 Binah 中，這股力量被穩定、凝聚在一個有限的初始範圍內，使其發散、燃燒的性質可以循序、溫和地釋放。牌圖中的三柄權杖，構成一個能量的團體和組織，範圍不大，但可以相互影響，各顯其能。近似於《易經》的乾卦用九「見群龍無首，吉」，筆者認為這應該對應了美德的含義。

　　聖杯三，名為豐盛。Binah 是「嚴厲之柱」的頂點圓質，其性質是接收和孕育，當處在 Binah 中時，其特性會給水相應的限制圈化，水元素在這種初現的形式範圍中可呈現出活躍的循環流動。牌圖中，有四朵蓮花托著聖杯，暗示這個圓質的承載。另外四朵澆灌著三盞石榴杯子，象徵水星介於心靈及感官上的連接和溝通，也保證了水源的豐盛和盈滿。正如克勞利所說的：「生活中的美好事物，儘管很享受，但不應該信任。」

　　寶劍三，名為憂傷。風在元素的屬性歸類中屬於陽性，而

其性質是無形物體，變動不羈的，但當處於圓質 Binah 的層次時，這種特性會受到困束，因為它是陰性勢能的開端，象徵著混沌和暗化，牌在設定上完全突出這種晦暗和淒涼，風元素處在此圓質中，其意識狀態也是陰霾和哀傷的。克勞利在牌圖中做了這樣的描述：「這張牌又黑又重，可以説它是混沌的子宮……。這個符號代表魔術師的大劍，指到最上面，它切斷了兩把短彎刀的交叉點，撞擊損毀了玫瑰。在背景裡，暴風雨在無情的夜晚裡沉睡。」

圓盤三，名為工作。圓質 Binah 為土元素這個實業家設置一個形式上的定義和藍圖，土元素雖然是沉緩、固重的特質，但不代表它是靜止的，只是在表現上較為緩慢。在圓質 Chokmah 中已啟動了它的內在動力，到了 Binah 時，這種動能則加上一定的限制範圍。三個紅色輪轂是工作運轉時的樞紐，針對上面所刻的符號，克勞利引用了不同學術系統中的名詞：「底座由三個輪子組成，水銀、硫磺和鹽；印度系統中的 sattvas、rajas 和 tamas，aleph、shin 和 mem-air，fire 和 water，希伯來字母表中的三個母字母」。這些象徵除煉金符號外，剩下的則為印度教中構成宇宙原質的三部分 sattvas、rajas 和 tamas，分別代表悦性、變性、惰性；希伯來字元所對應的是基礎三元素：風、火、水。克勞利的牌圖從正面看，間接地

展示出生命之樹之中「天界三角」的模式，水銀位於頂端對應風元素，是 kether 的位置；硫磺位於右側對應火元素，是 chokmah 的位置；鹽元於左側對應水元素，是 binah 的位置。因為風的流通性和貫通作用，將原本對立的水和火進有效地連接起來，建立起一個流動性構架，使三種不同的能量得以平穩運作，互不干擾。

四張 4 號牌

　　4 號牌對應圓質 Chesed，意為仁慈。它是位於仁慈之柱的中心圓質，從這裡開始，已穿越深淵，進入下層世界，Chesed 也正是這裡的第一個顯化圓質，由於處於陽性勢能一側，使它仍具備動態性的效應，在這個位置上反應出了一種創建性的性質。誠如 Dion 先生所說的：「是有形顯化的第一個點，它制定最初的有形原則，可以解答有形顯化的所有幻象。」在下方世界，它也構建出有形化生準則，所以圓質 chesed 也就被賦予了規則、秩序、律法等概念。克勞利稱：「下一步必須是實際的——至少是接近實際的。有三點，但不知道其中一點在哪裡，是的，第四點是必要的，這就形成了物質的概念。」這個位置對應的是木星，其勢能反映了強大的前進推動性，故象徵擴張、增益等特質。

魔杖四，名為完成。這張牌的圖案一反後面三張小牌的設計模式，以圓輪為主圖結構。相比之下，有稜角的運動軌跡比不過圓形的流暢。此牌的圓輪結構，筆者認為是尊崇 Chokmah 所對應的天使之名的緣故。在《生命之樹卡巴拉》一書中寫道：「此天使名 Avpnym（輪子），所有層次的經驗當中所有行動，皆依圓的循環而進行。」Chesed 承接由 Chokmah 釋放出的陽性能量，經過 Binah 的初級限制，在下層世界進行有形的顯化，建立了初始的規範。火元素所主宰的行動力，在這種秩序和範圍內運作，表現得圓融而不失分寸。又因為圓形的設計，揭示出火在此圓質中運作不息的穩定效應。克勞利對於此牌也給出很人性化的描述：「行事若不機敏、得體而溫文有禮，便無法建立事功。」

聖杯四，名為奢華。相較於火元素，水的主動性和積極性是匱乏的。當能量流動到達威力之柱，其躍動的勢能可以較為有利地活化水的和緩面向，但是 Chesed 時深淵下方的第一個圓質，在這裡模式和規則已趨成形。所以水在此圓質中，雖然可具備一定的活力，但也僅僅是在一定秩序和狀態下，並不能做到更多的佈散和流動。圖中的一朵蓮花並不能提供充足的水源，僅可以維持四盞奢華聖杯的需求，致使不會再有多餘的水流至大海。

寶劍四，名為休戰。牌面背景是對稱性的尖銳和雜亂。這表現了心智出現凌亂和渙散的情況，導致衍生各種矛盾和問題。但 Chesed 為混亂不清的狀況提供了法則和秩序，使之形塑一定的框架，從而在糾結的局面中做到調整和暫時性的休止。克勞利稱：「Chesed 在這裡表現為智力領域……，四把劍的劍柄在聖安德魯十字架的角上，它們的形狀表明了固定和僵硬。它們的觀點被包裹在一朵由 49 片花瓣組成的巨大玫瑰中，代表著社會的和諧，這裡也有妥協。」

圓盤四，名為力量。土在威力之柱一側，並未得到強大的助推力，不能延續及增加圓盤三的運轉勢能，反而被 Chesed 的秩序加以規範，致使本有的緩慢運動更加趨向固化和程式化。而土元素在這個圓質中也會積蓄固有的能量，在本具的規則範圍內，保有相應的勢能。所以，牌名 Power 並不是狹義上的力量，更包含了操縱、控制、權力等具有一定統攝範圍的廣義意涵。牌圖中，在空城的四角是四座方形的壁壘，周圍是圍繞著它緩慢流動的護城河。雖然下方出現了一條細小的通道，但並無法讓城內的能量得以舒展和釋放，只能保留在原有的範圍之內。克勞利稱：「這代表著法律和秩序，由持續的權威和警惕來維持……，只要它看起來是靜止的，它就是工程師的『死中心』。」

數字牌對應卡巴拉

四張 5 號牌

　　5 號牌對應圓質 Geburah，意為嚴厲。位於嚴厲之柱的中央，雖是陰性，但它具有如火元素一樣的淨化更新功能，這個位置揭示一定程度上的混亂和不和諧。Chesed 表現了一種構建奠定的性質，而 Geburah 則趨向它的對立面，呈現出瓦解與破壞。Dion 稱：「Geburah 的不平衡一面為破壞，只有在不平衡時，Geburah 的勇氣便成了破壞。美德便稱了邪惡，邪惡為未平衡的力量、未措置的力量、未回歸於神的力量。」這很像人體和自然中所共有的新陳代謝、新舊更替的必然過程。小牌組中四張 5 號牌，除了魔杖五之外，都呈現逆五芒星的結構，這種設計也間接呈現出圓質 geburah 顛覆和逾越常理的運作模式。這個位置對應火星，它是男性的象徵、爭鬥的代表，是正面表現摧毀力量的行星。

魔杖五，名為衝突。Chesed 給予了火元素一個有形的空間，使火可以在一定的準則範圍之內進行持續的活動。但圓質 Geburah 代表著突破和摧毀，在這個圓質中可以激化火的動能，從而打破 Chesed 所賦予的維穩模式。克勞利對於此牌的設計有著比較詳盡的解釋：「牌中的符號代表首席內行官的魔杖，表示權威來自上級，若不是這樣，此牌將是徹底的災難。另外兩根魔杖，或者說主要的內行魔杖，它們擁有鳳凰的頭顱，讓人們想到透過火來毀滅（或更確切地說是淨化），以及能量從它的灰燼中復活。還有三根杖子，或說是小魔杖，可以說是三號魔杖牌的女兒，在此牌中，減輕了母親的影響力……」。

　　聖杯五，名為失落。水元素主要的特質就是平靜和安逸，一切具有起伏和變化的情況都會影響它。現在進入到具有破壞性、不和諧的圓質 Geburah，破壞和摧毀了水元素在 Chesed 時的維穩狀態，同時它象徵著感性，內心則會出現焦慮、悲哀、失望和煩惱。正如克勞利對牌圖的解讀：「蓮花的花瓣被狂風撕裂，大海乾燥不景氣，死氣沉沉，就像北非的一片死海，杯子裡沒有水。」這張牌給人一種躁動乾涸、內心煎熬的感覺。

　　寶劍五，名為擊潰。圓質 Chesed 為風所對應的的心智面提供了一個相對穩定的格局，同時維穩風無常變動的負面狀

態。但在 Geburah 中，因為圓質的變動性質，可以破壞顛覆原有的常態，呈現出違和及牴觸的模式。牌圖中背景的針狀結晶具備強烈的穿透力，牌圖中央呈現有散碎花瓣及五把劍所勾勒的逆五芒星，並且劍刃上出現缺失和破損，這正是一個被擊潰的落敗場面。正如克勞利在牌圖中所稱：「五把寶劍似乎讓人煩惱，此牌叫擊潰。沒有足夠的力量維持四國的武裝和平，事實上爭吵已經爆發了，這一定意味著失敗，因為劍最初的理念是魔杖和杯子之間愛的結果。」

　　圓盤五，名為憂慮。土元素的沉重和緩慢是構成它穩定的基礎，但是到了 Geburah 之中，一切都被推翻、打破，這股力量讓現實物質層面造成淪陷和不穩定，所面臨的即是被瓦解的狀態。克勞利則解釋牌圖為：「這個符號代表五個圓盤，形狀是倒置的五角星，不穩定的物質基礎，效果就像是地震……，整體效果是一種強烈的緊張，然而這個符號暗示著長期的不作為……。」

數字牌對應卡巴拉

四張 6 號牌

　　六號牌對應圓質 Tiphareth，意為美，克勞利稱它為：「平衡雙方的垂直和地平線吻合。」正如《卡巴拉生命之樹》一書對路徑 20 的論述：「Chesed 為宏觀宇宙從『同一』誕生之處，Tiphareth 是每一個被創造生命成形並成為個體之處。」Tiphareth 的位置處於整個生命之樹的中心，在傳統的意義中，它被賦予平穩和完美等意向。筆者認為 Tiphareth 的性質是藉由能量歷經多個階段的下降，即經過圓質的對立互動，才可展現出來的即時平衡狀態，這就好比兩隻行走的腳，在不斷遞進的過程中，總有一個瞬間會達到彼此之間的相對齊平，這種狀態雖然短暫，但其性質是平穩的。這也是它與代表絕對完美神性的圓質 kether 不同的地方，也正因如此，使得它與 Kether 互為表裡，成為在生命之樹下方神性 Kether 的反照和影

射（二者關係詳見下頁附註），所以四張六號都呈現出一個相對形象完美、和諧的狀態。在占星系統中，這個位置坐落著太陽，它是六顆內行星的核心，也代表著權威和尊貴。這個圓質在人類個體內在層次上對應 Ruach，代表有意識的自我。

　　魔杖六，名為致勝。圖中與杖五的架構完全一樣，重點是多了一柄 Caduceus 之杖，顏色變成琥珀色，這正是被合化出的一個嶄新的格局，因為 Tiphareth 給予躁動的火元素一個和諧平衡的架構，在這裡不存在壓制和衝突，而是一個相對穩定的團體。猶如一場戰勝暴政的勝利。正如克勞利論述的：「火焰不是向四面八方噴射，而是像燈柱一樣穩定燃燒，這表示能量的穩定性，以及女性對它的接受和反應。」

　　聖杯六，名為享樂。Tiphareth 是 Kether 在下方的直接反應，在生命之樹結構中，它是重要的平衡調節性圓質。水元素被動和緩的性質較依賴於相對平和穩定的環境，而 Tiphareth 恰恰能賦予水安逸和平衡，猶如沐浴著太陽所提供的溫煦和庇護。克勞利對牌圖的解讀是：「蓮花莖組成了一個精緻的舞蹈動作，花朵裡的水流進杯子裡，但沒有溢出來……。它意味著幸福，沒有努力或緊張的自然力量的和諧、安逸、滿足。」

　　寶劍六，名為科學。從寶劍二分化開始，寶劍牌組一直處於一種凌亂、傷害、內擾的狀態。到了 Tiphareth 這個生命之

樹的中心點，心智面得到充足的穩定和平衡。風元素重新定義了「概念」和「主軸」，就像一道複雜的數學題一樣，無論它的後期延展過程多麼的複雜，都離不開基礎公式的這個核心。牌圖中的「黃色十字」是展開的「創世立方石」，這正是六把劍所組成的六芒星的基礎藍圖，並且每把劍的劍鋒都指向十字中心的十字花瓣，這便暗示完美神性的所在和秘密。背景的線條縱橫交替，但對稱有序，暗示了在清晰的理智狀態下，再多的事物都會系統地分析和處理。

圓盤六，名為成功。所有六號牌到達了 Tiphareth 都可以被稱為各自屬性的「成功的樣子」。因為一切元素在這裡歸於平衡，穩固的土元素在 Tiphareth 中提升了相對的尊貴和地位。因為它的特質傾向於規則上的穩固，區別於風、火、水的性質，土元素則更加的實際。在這個平衡穩定的圓質上，也與它沉穩的陰性本質相襯。克勞利對牌圖的解釋為：「圓盤以六芒星的形式排列……，行星的排列與它們通常的屬性一致，但它們只表現為中心受太陽照射的圓盤。這個太陽被視為玫瑰和十字架，玫瑰有 49 個花瓣，7 與 7 相互作用。」

注： 圓質 Tiphareh 它的性質與 Kether 其實是等同的，在無法觸及高層的同一
　　 狀態時，位於下層世界僅能藉由透過對立交替的模式發生，在一個即時的
　　 狀態中去瞥見同一（神性）的存在，而這一過程便是 Tiphareh 所呈現的平
　　 衡效應。又由於宗教的教義對應，將它視為是 Kether 的聖子，而在生命之
　　 樹中別列了一個中心位置，是諸圓質的聚焦點，這也是這兩個圓質在圖中
　　 的不同所在。至此創造能量所歷經的這六個圓質在卡巴拉的世界層級分類
　　 中，歷經了原型之界至形成之界，若把整株生命之樹看作是一個人的平面
　　 圖，這兩世界可歸屬於人的中上部分。相當於心神活動的場所，是形而上
　　 的，屬於內在心智層面的範疇。這六顆圓質源自於 Kether，能量的實質性
　　 運動是由 Chokmah 到 Geburah 來展現的。Tiphareh 是此過程中所蘊含的即
　　 時平衡模式，它不同於上述的圓質，但存在於它們的運動之間。Kether 具
　　 有統攝作用，它是至高而尊貴的神性，它是高於我們的存在，卻又含藏在
　　 我們之間。所以筆者認為這也是在此圓質的位置設計時，將其作為不同於
　　 一切的所在並置於最頂端的原因之一。而下方的五個圓質則代表了世界創
　　 造時所必需的對立法則及維穩的特質，它們便象徵了人性。克勞利在他的
　　 泰勒瑪哲學觀中，使用一筆所繪的六芒星作為象徵，其中的連線與中心的
　　 五瓣薔薇相互連接，應是表達了生命之樹上方圓質所暗含的人性（五）與
　　 神性（六）相互關聯的核心奧秘。

四張 7 號牌

　　7 號牌對應的圓質 Netzach，意為勝利。在圓質 Netzach 之中，能量不再呈現如上一圓質的那種平和狀態。因其位置已不再隸屬於平衡之柱，而是自由地遊弋到陽性勢能的仁慈之柱上，這種偏離便導致了圓質勢能上的波動及不穩定性。但它又不像頂端的 chokmah 那樣具有原始的發散性，因為已經處於仁慈之柱的底部，更類似陰性勢能一樣，偏向整體的融合性和匯聚性，正如《生命之樹卡巴拉》一書所稱：「第七個圓質具有將力量融合的角色，它將在 Tiphareth 層次所創造出來的無數個別個體集結在一起，Netzach 的力量便是融合的力量。」在卡巴拉系統設定中，此圓質因為屬於星光層面，屬於人類心智庸常的感受部分，故它相對於人的內在層面包含了情感、愛、本能等主觀意向。所以它對應著金星維納斯，也正是社會

性關係的代表，它象徵著關於愛的一切具體化形式。

　　魔杖七，名為勇氣。火元素位於 Netzach 的位置時，會相應突顯本身熾燃向上的特性，主要原因是因為該圓質已脫離源自 Tiphareth 時所賦予的中和性影響，再次偏向不穩定及波動。而有形無體的火，在圓質融合性的影響中，仍會得到相應的聚焦和凝聚，呈現出純粹的陽性動能。筆者認為火元素同時對應「原型世界」象徵著高層的「神性」，故在牌圖的設計中繪製出中間那根不具明顯殺傷力的原生木棒，這個設定可以視為是一種精神支撐的象徵。正如克勞利的描述：「陷入混亂無序之中，若要贏得勝利，將得憑藉個人的勇氣，一場『士兵的戰役』。」

　　聖杯七，名為沉淪。陰性內斂的水在 Netzach 之中，不會像火元素那樣得到同極性的影響，但圓質的匯聚效應，可以加劇被動渙散的水元素凝聚的狀態，其波動的性質使得水在這個位置上沉陷其中，呈現出內在的擾動。如克勞利對牌圖的解釋：「蓮花已經變得有毒，看起來像虎皮百合，並且不是水，而是綠色的黏液，從它們溢出，使海成為瘧疾的沼澤。」

　　寶劍七，名為無益。風所對應的智識層次在 Tiphareth 之中可以得到狀態上的相對平衡，當處於 Netzach 時，因為位置及性質的改變，這種中性效應也出現不可抗力的自由偏移，這

也會使得對應平衡中柱的風元素再次失去和諧的調停和穩定的狀態。如同克勞利對牌圖的解讀：「這張牌和四號牌一樣，暗示了綏靖政策。符號上有六把劍，劍柄成新月形，它們的分數在牌中心下方相交，彷彿是一把大得多的上有刺劍的劍刃，彷彿是許多弱者和強者之間的較量，它徒勞無功。」

圓盤七，名為失敗。圓盤在仁慈之柱的頂點 Chokmah 中呈現了變化運作的機能，土元素是陰性元素，有形有體，其運作的機制緩慢而沉滯，當處於 Netzach 時，位階的匯聚效應會相應突顯土本有的沉重狀態，而圓質的不穩定性在干預元素時，也可使其不能完全遵循既定的規則運作，所以牌圖繪出一團一反常態運作模式死寂的景象，並且名為失敗。克勞利稱：「這些圓盤排列稱風水圖形的形狀，這是十六個圓盤中最醜陋、最具威脅性的一個。牌上的氣氛是枯萎的。在代表植被和耕作的背景上一切都被破壞了。」

數字牌對應卡巴拉

四張 8 號牌

　　8 號牌對應圓質 Hod，意為宏偉（光輝）。Dion 先生對此圓質有過一段論述：「Netzach、Hod、Yesod 這一個大三角中，Hod 為形成『思想形態』的 sephira，故它是魔法的基礎，魔法師利用心智建構各種『形態』的工作就是在 Hod 進行。」所謂形態的產生，筆者認為它其實是指明了一種限制離析了的表現方式。當心智形成某種思想形態時，觀念、看法等可被區分定性的概念便會氤氳而生，這便與一切在未被界定之前的整體化模式相區別，從圓質的角度來看，這種效應應當是該圓質隸屬於嚴厲之柱，相應地承接來自頂端圓質 Binah 影響的緣故。在人的內在層次中，Hod 主宰者思考、智力等面向。如《生命之樹卡巴拉》一書稱：「Hod 是那些『能夠區分以及分辨種種事物』之力量的源頭，特別是指各種形式的思考和感

知。」這個位置上對應的是運轉飛快的水星，它所代表的正是人類理性、表達能力的層面和作用。

魔杖八，名為迅捷。火元素本身的特點是迅猛熾盛、有形無體的，在圓質 Hod 的作用下，突顯出整體熾盛的光（形）內含的微細離析的結構相互影響，從而呈現活躍的運作狀態，如同激蕩的火可以散發光熱，便是內在的分子間相互碰撞而傳遞出來的一種能量。而牌圖的設計也由權杖被換成了「閃電」，克勞利對此牌的描述是：「在整套火牌中，它指的是現象的言語、光和電……。這張卡圖顯示，光棒變成了電子射線。通過它們震動的能量，維持甚至構成物質。在這個被修復的宇宙之上，閃耀著彩虹；純光的分裂，處理最大值，分成光譜的七種顏色，展示了相互作用和相互關係。」

聖杯八，名為怠惰。在圓質 Hod 之中，有體無形的水會因其特質的影響，可使得本有的主體趨向離析和驅散，此圓質也屬陰性，同時它也強化了陰性的水元素，緩和、放縱的特質。這會使一切看起來沒有了動力，猶如一灘死水。牌圖中，八盞杯子需要兩朵花澆灌，但只有中間兩盞可以接受，下方的兩盞也是承接上方多餘的水，海面上又汙濁不堪，導致一種懈怠和萎縮的局面。

寶劍八，名為阻礙。無形無體的風元素其無常變化的特

性，由於圓質 Hod 的作用，會使其所對應的思考、分析等客觀思維部分在這個影響下，產生各種觀點和思緒，而由於彼此之間的互異會產生較大的離析和不同，如克勞利對牌圖的解讀：「牌的中央是兩把長劍，劍尖超下，這些是六把小劍交叉的，每邊三把，它們讓人想起它們的國家或者它們的邪教持有的武器。」這些精良的武器都被兩把長劍所壓制，導致每一把都無法發揮一擊致命的作用，結果變成了阻礙行動的思緒。

圓盤八，名為謹慎。土元素整體的行動狀態比不上陽性元素峻猛和疾快，圓質 Hod 的性質可以更加細化其本身緻密的結構，又因為同極性的影響使其在運作時更可保持縝密和穩定，所以猶如進行栽種工作，可完成得條理分明又精準。正如克勞利的解讀：「它象徵著智慧深情的應用與物質事物，特別是那些農學家、工匠和工程師……。圓盤以風水圖形楊樹的形式排列。這些圓盤可以被繪成一棵大樹的花朵或果實，它在肥厚的土地上紮根……。」

四張 9 號牌

　　9 號牌對應圓質 Yesod，意為基礎，它位於平衡之柱的底部，匯合來自上層圓質的能量，同時也是最後的媒介和平衡點，平衡了圓質 Netzach 和 Hod。自上方而來的創生能量不能直接干預物質界，必要透過一個「導體」來完成，這便是 Yesod 的作用。能量匯聚到此處，透過其流動編排，進而完成物質存在的基礎構架，同時也形成影響物質層面的能量。

　　例如，組成物質的基礎元素是原子，從而組合成分子，繼而構成物質。這一互動過程，是藉由一種能量的支撐和推動來完成，它存在於物質的基礎元素之間，其層次又高於它們，像一條隱形的線串聯著彼此，這便是圓質 Yesod 面向中所存在的能量體，即古希臘哲學中的重要名詞概念：乙太。如《生命之樹卡巴拉》一書所述：「雖然乙太是流動並且恆常在轉變，它

確是作為物質存在的基礎，以網狀結構的力量將物質的粒子支撐起來，就像是念珠串在網子的網線上。」這個圓質對應的是月亮，在占星學的詮釋中，它的特性是隱匿而敏感的，本身具備了不安定、易波動以及缺乏安全性的特質。這正契合了 Yesod 屬性中所能包含的不堅固，輕薄等意向。

魔杖九，名為力量。火元素蒸騰熾燃的勢能因為圓質 Yesod 的凝聚效應，得到了有效的集中和聚合。在這裡火元素的活躍性質仍然尚存，但原有的外放、燃燒性的表現得到有效的組織，其特性偏向了內在系統化，使火元素原本的活躍趨向和緩，這猶如猛烈的火把衍變為含蓄的燭焰，得到持續的延展釋放。正如圖中，月亮雖處於「大師之箭」下端，但克勞利透過箭的朝向，便點明瞭能量處於 yesod 時所呈現的凝聚，積蓄面向。所以他也描述這張牌為：「相較於上方的種種力量，9 總是代表其力量最充分的發展。」

聖杯九，名為幸福。水這個被動型的元素在生命之樹的圓質 Chesed 和 Tiphareth 之中，均可展現平穩的面向。但這兩個點還不能為水帶來十足的穩固狀態，因為能量下降的必然順序，兩個圓質的下方分別是具有瓦解和傾洩面向的 Grbeurah 和 Netzach。能量在二者中仍會脫離平穩的狀態，而當位於圓質 Yesod 時，該圓質是降臨物質界之前的最後匯聚點，加上這

裡又位於平衡中柱的最底端，其性質也趨向了中和。水元素在該圓質中所展現出來的便是穩定和安逸。正如克勞利對牌圖的解釋：「在這個標誌中，九個杯子完美地排列成一個正方形，所有的杯子都裝滿水，這是水最完整最有意的方面。」

寶劍九，名為殘虐。在圓質 Yesod 的狀態影響下，可以使風元素所對應的智識面更加趨向成形，加上風無常變動的特性，漂浮的特質會在該圓質中被形塑編排，讓本已內擾紛雜的狀態加劇。正如克勞利的解讀：「意識已經陷入一個沒有理智的境界……。這個符號顯示九把長短的長劍都往下刺向一個點，它們參差不齊，鏽跡斑斑。毒液和血液從刀刃滴下。然而有一種方法可以處理這張牌：消極抵抗、順從、接受殉道。」

圓盤九，名為獲益。萬物的誕生，通過生命之樹的創生順序，可以得到完整的規律。由 Kether 作為原點，一路下降至 Yesod，它承接由上方世界而來的不同圓質層級的性質及影響，再將物質的基礎粒子進行勾連和編排，最終合而為一，形成原初的物質體。在克勞利的牌圖設計中，描繪了生命之樹的九個圓質，但其重點並非是 Yesod，而是將顏色聚焦在中央的三個圓質上。筆者認為，此牌所要強調的並非物質結構本身，而是突顯含納在物質之中的「心智（守護靈）」（即圓質 Chesed、Geburah、Tiphareth 所對應的心智層面）。因為處於物

質界，並且屬於物質體一類的人，其內在含藏的心智、意識格外的重要，因為它也區別於物質界的種種事物。（筆者認為這種智識層面的影響存在於萬物之中，是所有事物內在本性的表現。）圓質 Yesod 最重要的工作就是完成心智（守護靈）與物質的疏通連接，此牌名為獲益，其實所要揭示的不僅僅是土元素在 Yesod 這個媒介圓質中，所被賦予的物質基礎構架，更重要的是獲益於源自上方完備的心智（守護靈），使之結合為物性合一的完整有機體。應該說，依據生命之樹的下降順序，各圓質的之間互動影響，最終會流溢到 Yesod 中被接納，轉而決定著物質本身的內在性質，所以這一系列的過程最終決定了物質的融合構建。這裡也印證了《律法之書》的那段重要章句：「As Above,So Below（如在其上，如在其下）」。對於此牌的解讀，克勞利則稱：「……這意味著：好運和良好管理的混合，使最初的建立成倍增加……。」

注：圓盤牌中，上下六個三角形排列的圓盤，分別描繪出了六個人形圖案，上方三個人物分別對應天界三角的三個圓質，在占星系統中，從圓質 Binah 開始由土星對應，人物繪製形似 h 標誌，下方的三個圓盤對應成形世界的三個圓質，人物圖案分別結合了金星，水星，月亮的占星符號，讀者在對照牌圖時可仔細查看。

四張 10 號牌

　　10 號牌對應圓質 Malkuth，意為王國，它的性質與其它 9 枚圓質是不同的，沒有 Yesod 的基礎作為連接，它與上方圓質則是脫節的。因為 Malkuth 是純粹物質的，是我們可以感官認知的現實世界。創造性能量到了這裡，偉大的工作趨向完成，而先前它所經歷各圓質「意識層次」的互動形式，也都會從這裡融合展現。Malkuth 賦予的是軀殼，及不易逾越的物質限制。正如《生命之樹卡巴拉》一書說：「王國是一個國王行動與力量之範疇」，在最後的四張小牌中，除圓盤之外，背景的顏色都是代表強勁、慾望為主的紅和橙色。這代表了無形的精神、心智和力量被 Malkuth 囚禁、限制時的動態表現。

　　權杖十，名為壓迫。Malkuth 是物質的王國，其陰性的特質，給予能量以堅固的外殼。火元素所主宰的發散性及躁動，

與 Malkuth 的土性面向相違和。火在這裡不能得到自由無礙的釋放和燃燒，被物質界全然的束縛及僵化。其能量面臨封閉式的壓抑。圖中八柄權杖被兩根沉重而有制約性的杖子壓制，構圖頗似寶劍八的樣子，火焰代表積蓄著強大的能量，充滿緊迫的局面，好像隨時都將要迸發。正如克勞利所稱：「整個畫面暗示著壓迫和鎮壓。這是無法逃避的愚蠢和殘忍的行為。它是一種意志，它沒有理解任何超出它目的的東西，它對結果的渴望，會在它引起的大火中吞噬自己。」

　　聖杯十，名為厭足。在 Malkuth 之中，水元素得到可依賴的地方，它不會對限制和固定的模式產生反感，因為它懼怕波瀾和起伏，但物質的局限和固定不會輕易出現變化，這也為滿足的心理狀態增添一些厭倦的成分。正如《書經》所說「滿招損謙受益」，正是這個道理。圖中的聖杯以生命之樹的結構進行排列，每個杯子都是「牡羊座的符號」，這也暗示此牌由雙魚座的完美和滿足到達極致時的轉變。圖中的四盞杯子向內偏離（它們代表圓質 Chesed、Geburah、Netzach、Hod），象徵著穩定和破壞、情感和理智，這種對立的含義。正如克勞利所說：「這張卡片代表一個衝突的元素，一方面它受到聖母瑪利亞的影響。……對水的研究工作已經完成，干擾已經到來。」

　　寶劍十，名為淪亡。風在圓質 Malkuth 當中，並沒有回歸

最初的平衡，因为 Malkuth 僅僅是物質的象徵。在最下方的層次裡，所能提供的只有固化的結構，所以在這個極為限制和物化的狀態中，風元素自由的動態性質（可對應人的意志）必定會受到約束以致於在限制中消亡。在圖中，十把劍組成了生命之樹的線條，劍鋒緊密，代表「自我意識」之核心的圓質 Tiphareth 包圍在其中，並將它擊碎摧毀。正如克勞利所説：「它是智力的毀滅，甚至是精神和道德的毀滅。」

　　圓盤十，名為財富。Malkuth 是王國，是裝載物質的容器。土元素到這裡最終顯化為實際物質上的財富。克勞利對牌圖的解讀為：「這些圓盤或者説（已經變成了）錢幣，被安排在生命之樹上。但第十枚錢幣比其餘的都要大得多，這表示物質利益是徒勞的……。」克勞利在創作圓盤牌時並非遵循以往的模式，將它受限於土元素的沉重、固化等特質，而是揭示了隱藏在物質界後面那個持續變化的運作法則。土在 Malkuth 之中，意味著現實上的圓滿，但這種狀態也勢必會因為圓質的性質趨向阻滯。正如圖中最下方那枚巨大的錢幣，所表達的正是這層含義。所以在這些圓盤當中，也都繪出象徵急速運行的水星符號（不同寫法）。它們在占卜中也代表著不停地流動、貿易和溝通是避免現實的物質趨向停滯，最終導致鬱結至死的重要方式。

注： 寶劍牌組中多次提及的心智概念，非專指卡巴拉系統所設定的較高自我的
　　心智層面，而是偏向低我的庸常意識，但其仍隸屬於整體的智識層次。特
　　此表明，望讀者留意。

托特塔羅對應卡巴拉註解部分參考書目

1. 《THE BOOK OF THOTH》（Egyptian Tarot）by Aleister Crowley

2. 《BOOK OF THE LAW》by Aleister Crowley 1904（The Great Library Collection By R.P. Pryne）

3. 《LIBER 777 》by Aleister Crowley

4. 《A Garden Of Pomegranates 》by Israel Regardie

5. 《The Qabalistic Tarot》by Robert Wang

6. 《THE MYSTICAL QABALAH 》by Dion Fortune

7. 《生命之樹卡巴拉──西方神秘學的魔法根本》約翰・麥克・格利爾 著／蕭漢婷 譯

8. 《托特塔羅解密》羅・米洛・杜奎特 著／孫梅君 譯

9. 《托特塔羅學習手冊》麥可・奧西裡斯・史納芬 著／孫梅君 譯

10. 《猶太教概論》袁定安 著

托特塔羅的多重宇宙（下冊）

每一道尚待答案的問題，都是開啟人生新頁的鑰匙

作　　　者 —— 天空為限
卡巴拉詮釋者 —— 薛超
設　　　計 —— 張巖
內文排版 —— 葉若蒂
插　　　圖 —— 貝兒熊
主　　　編 —— 楊淑媚
校　　　對 —— 天空為限、薛超、楊淑媚
行銷企劃 —— 謝儀方

總 編 輯 —— 梁芳春
董 事 長 —— 趙政岷
出 版 者 —— 時報文化出版企業股份有限公司
　　　　　　108019 台北市和平西路三段二四〇號七樓
　　　　　　發行專線 ——（02）2306-6842
　　　　　　讀者服務專線 —— 0800-231-705、（02）2304-7103
　　　　　　讀者服務傳真 ——（02）2304-6858
　　　　　　郵撥 —— 19344724 時報文化出版公司
　　　　　　信箱 —— 10899 臺北華江橋郵局第 99 信箱
時報悅讀網 —— http://www.readingtimes.com.tw
電子郵件信箱 —— yoho@readingtimes.com.tw

法律顧問 —— 理律法律事務所　陳長文律師、李念祖律師
印　　　刷 —— 勁達印刷有限公司
初版一刷 —— 2022 年 7 月 8 日
初版三刷 —— 2024 年 5 月 13 日
定　　　價 —— 新台幣 400 元

時報文化出版公司成立於一九七五年，並於一九九九年股票
上櫃公開發行，於二〇〇八年脫離中時集團非屬旺中，以
「尊重智慧與創意的文化事業」為信念。

托特塔羅的多重宇宙（上冊）/天空為限作. -- 初版. -- 臺北市：時報文化出
版企業股份有限公司, 2022.07　冊；　公分
ISBN 978-626-335-632-0(下冊:平裝)
1.CST: 占卜
292.96　　　　　　　　　　　　　　　　　　　　111009415

ISBN 978-626-335-632-0
Printed in Taiwan